서른다섯, 직업을 바꿨습니다

개정판

30대 중반이 다 되어 가는 나이에도 아직도 좋아하는 일, 원하는 것을 몰라 고민을 하던 날들이 있었습니다. 그러다가 어느 날 진지하게 내가 진짜 원하는 미래를 고민하게 되었고, 직업을 바꾸기 위해 경남 거제에서 서울로 이사를 했습니다. 이 책에는 그 과정에서 제가 느낀 것을 모두 담았습니다.

글 · 그림 이혜리

목 차

1. 내일을 기다리지 않던 나를 생각하며   8

2. 네 번의 이직 그다음은   16

3. 다음 진로를 선택하기 전에   28

4. 나를 찾아줘   42

5. 무엇을 하는 할머니가 되고 싶은가?   52

6. 결정 그리고 반대와 마주하기   62

7. 지금 회사가 주는 선물들   76

8. 속도전을 위한 달리기 준비, 그리고 플랜 B 90

9. 울타리 없는 삶과 선 시장 102

10. 첫 의뢰를 받고, 지금 느끼는 것들 116

11. 다시 돌아간다면 똑같은 선택을 할까 130

* 결정에 대한 마지막 질문 138
* 팬데믹 시대와 프리랜서의 삶에 대하여 142

무제 (수채화)
일러스트레이터가 되기로 마음먹은 초기에 그린 수채화.
그때는 디지털화보다는 무작정 따라 그린 손그림이 많다.

1

내일을 기다리지 않던 나를 생각하며

꿈은 과거에 있었다. 어른이 되고부터는 으레 낭만적인 것들은 땅에 묻어두고, 집이니, 차니 하는 좀 더 구체적인 것들이 머릿속을 가득 채우고 있었다. 누가 꿈이 뭐냐고, 뭐가 되고 싶냐고 질문하면, 농담으로 "건물주요.", "부자요." 하고 대충 넘겼을 것이다. 세상이 정해놓은 평범함의 범주에 속하고 싶은 건지, 사고 싶은 물건을 손에 넣기 위해서인지 이유도 정확히 모른 채 당장에 돈이 되는 것은 무엇이든 찾아서 하려고 했었다. 퇴근 후에 디자인 소일거리를 받아서 하고, 주말에는 과외를 해서 돈을 벌었기 때문에 꿈같은 이상적인 것들은 생각할 겨를이 없었다.

이때 나는 2016년부터 4년째 거제의 한 호텔 웹디자이너로 일하고 있었다. 내가 꿈꾸어 왔던 직장은 아니었지만, 대기업 소유의 호텔이라 안정적이고 다른 곳에 비해서는 급여도 약간 높은 편이라 비교적 만족하며 다니고 있었다. 하지만 큰 조선소가 두 개나 있는 거제시에서 조선 경기가 나빠지자, 호텔도 어려워졌고 내 월급도 도저히 오를 기미가 보이지 않았다. 이런 와중에도 주변에 크고 작은 신축 호텔들이 문을 열었고, 내가 다니던 호텔의 시설은 낡아가고 있었다. 요즘 같은 시대엔 평생직장이 없다더니, 내가 다니고 있는 호텔도 언제까지나 나를 지켜주지는 않을 듯했다.

또 다른 문제는 내가 호텔이 싫어졌다는 것이었다. 내가 하는 일도, 내가 있는 공간도 마음에 들지 않았다. 야근도 없고 안정적인 소위 편한 직장이었지만 웹디자이너는 호텔에서 객실을 직접 판매하지 않는 직책으로 직장 내 입지도 작았고 성취감을 느낄 수 있는 업무도 없었다.

나이가 들어감에 따라 씀씀이는 커졌고 월급은 부족했다. 그 간격을 메우기 위해 쉬지 않고 다른 일을 병행했다. 여윳돈은 생겼지만 매일 일로 가득 찬 하루를 버티는 게 너무 힘이 들었다. 회사도 마음에 들지 않고, 퇴근을 하고도 일에 시달리니 매일 피곤만 쌓였다. 거기다가 30대가 되고 나서는 부모님을 포함한 주변 어른들이 진지하게 결혼에 관해서 물어오기 시작했다. 안 그래도 복잡한 내 인생에 더 복잡한 질문 하나가 들어온 것이었다. 열심히 산다고 살았는데 결국 내 인생의 다음 단계는 결혼밖에 남지 않은 것 같아 보였다. 결혼도 싫었고 현재도 만족스럽지 않았다. 결혼은 지금까지의 내 삶을 너무 많이 바꿔놓을 것 같았고, 현재의 모든 시간은 어제, 오늘, 내일이 같은 악몽이었다. 그렇게 나는 내일이 오지 않았으면 하고 매일 기도하며 잠들었고, 상태는 심각해져 갔다. 해안로를 따라 출근할 때는 차를 타고 바다로 그대로 빠지고 싶기까지 했다.

진짜 물에 빠지는 대신에 우울함에서 빠져나올 방법을 찾아야 한다고 생각했다. 퇴근 후나 주말에 하던 일들을 그만두고 우울증을 벗어나기 위해 노력했다. 유튜브에서 '우울증 극복 방법'을 찾아보고, 독서, 물고기 키우기, 빵 만들기, 모임 등 할 수 있는 것들이라면 모두 한 것 같다. 그러던 중 아직도 어디서 그 말을 찾은 것인지는 기억이 나지 않지만, '당신의 현실이 괴로운 이유는 현실과 이상의 차이가 너무 크기 때문이다'라는 말을 보게 되었다. '우울에서 빠져나올 수 없는 이유도 내가 바라는 나의 모습과 너무 동떨어져 있어서 그런 것이 아닐까?' 하는 생각을 했다. 그때 과거에 곱게 묻혀있던 꿈과 이상, 내가 바라는 나의 모습 같은 추상적인 단어들이 먼지를 털고 일어났다. 그저 현실을 버티는 삶을 살아가고 있던 나에게 다른 형태의 삶도 존재한다는 힌트가 나타난 것이다.

'그렇다면 내가 바라는 나의 모습은 무엇일까?'

때늦은 진로 고민은 이 질문에서부터 시작되었다. 직업으로서의 진로가 아닌, 미래에 나는 어떤 형태로 존재하고 싶은지에 대한 고민을 시작했다. 특정 직업처럼 구체적이지 않다 보니, 질문에 답하기 위해 스스로에 대해 알아가는 과정부터 출발해서 꼬박

한 해 동안 노력해야 했다. 그 끝에, 나는 그림을 좋아하는 사람이고 그림을 그리고 살고 싶다는 결론을 내릴 수 있었고, 거제에서 서울로 오는 큰 모험도 감수하며 현재는 다니던 회사를 그만두고 신인 프리랜서 일러스트레이터가 되었다.

  일 년간 혼란스러운 머리를 정리하려고 노력한 덕분에 내일이 오지 않았으면 하는 끔찍한 생각은 지금은 사라지고 없다. 대신 '내일은 어떤 일이라도 벌어지겠지'라는 약간의 무심한 기대를 하며 아침에 눈을 뜬다. 오늘에 대해서는 만족하기도 하고, 불만족하기도 하며 나름 삶에 대한 애착을 가지고 살아가고 있다. 이전보다 확실히 삶의 무게가 가벼워진 것을 느낀다. 경제적으로 더 풍족해진 것은 아니지만, 심리적으로는 그 어느 때보다 편안하다.

  앞으로의 이야기는 과거에 묻어두었던 '꿈'을 30대 중반이라는 나이에 다시 스스로 묻게 되면서 시작된 변화에 대한 것이다. 이 글을 읽는 사람에게 당장 퇴사를 하고 진로를 바꾸라고 하고 싶지는 않다. 그렇다고 주저앉아 묵묵히 마음에 들지 않는 현재의 삶을 살아가라고 이야기하고 싶지도 않다. 그렇기 때문에 진로와 꿈을 찾기 위해 내가 노력하고 느낀 것들에 관해서만 서술할 것이고, 나머지는 읽는 사람들의 몫으로 남겨두고 싶다. 이 이야기가 삶의 갈림길에서 고민하는 사람들에게 조금 덜 괴로운 방향을 발견하고 선택하는 데 도움이 되기를 간절히 바란다.

화(구아슈+디지털)
처음으로 그림 속에 글자를 넣어서 완성한 작업.
이 그림을 발전시켜서 지금의 작업 스타일을 만들었다고 해도 과언이 아니다.
자세히 보면 사각형 창문에 꽃이 있다.

2

네 번의 이직 그 다음은

일러스트레이터가 되기 전, 나는 8년 동안 회사에 다녔다. 8년이 이력서에 깔끔하게 한 줄로 표시될 수 있으면 좋으련만, 짧거나 길게 4개로 나누어져 있다. 회사마다 입사할 때는 10년은 거뜬히 버틸 각오를 했는데 번번이 그 절반도 채우지 못하고 나왔다. 퇴사의 이유와 시기는 저마다 달랐지만, 그 경험들은 모두 나름의 의미가 있다.

처음 사회생활을 시작한 곳은 경남의 한 제조회사였다. 미대를 졸업했지만, 디자인 회사 대부분은 박봉에 야근이 필수였기 때문에 일반 사무직으로 일하기를 더 희망했었다. 운 좋게도 집에서 가까운 곳에 있는 큰 제조회사에 입사할 기회를 얻었고, 거기다가 당시 회사에서 제일 기대를 걸고 있던 해외 프로젝트팀의 팀원이 되었다. 아마 다른 신입사원들보다 공식 영어점수가 조금 높았기 때문이 아닐까 생각한다.

주요 부서에서 일을 시작하게 되었다는 것에 자부심을 느끼고 있었지만, 문제는 내가 제조와 기술에 관한 지식이 하나도 없다는 것이었다. 그래서 내가 번역해 놓은 문서나 회의 내용은 부정확하거나 이상할 때가 많았다. 아무리 노력해도 공학 용어들은 좀처럼 익숙해지지 않았고, 사람들은 나에게 일을 맡기는 것을 꺼렸다. 회사에서 스스로가 점점 쓸모없는 존재로 느껴지기 시작했다. 업무 자체만으로도 스트레스가 심했지만, 보수적인 회사 문화에도 적응하지 못하고 있었다. 커피 타기, 화분 돌보기, 책상 닦기 등 여자 직원만 해야 하는 일들을 받아들이기 힘들었다. 어느 날 회사에서 일하다가 명치가 너무 아파 조퇴를 하고 병원에 갔더니 스트레스성 위염이라는 진단을 받았다. 약을 먹어가면서 꾸역꾸역 회사를 더 다녀보려고 노력도 했지만, 몸이 회복되지 않아 결국 2년을 조금 넘기고 퇴사하게 되었다.

위염 치료를 위해 약간의 공백기가 생겼고, 직종을 바꾸기 위해서 디자인 포트폴리오를 준비했다. 첫 회사를 나오면서 적성에 맞지 않는 일을 지속했을 때 일어나는 참사를 직접 몸으로 겪었기 때문에 경제적인 것보다 내가 잘 할 수 있는 일을 하기로 마음먹었다. 그리고 좀 더 자유로운 분위기의 회사를 찾기 시작했다. 그렇게 다음으로 선택한 회사는 웹디자인 에이전시였다. 근무시간에 음악을 들으며 일할 수 있었기 때문에 보수적이라는 느낌도 없었고, 일하면서 만든 홈페이지들은 내 포트폴리오가 되었다. 하지만 첫 회사에 비해 대우가 형편없었다. 점심 식대도 지원되지 않았고 주말에도 업무 전화를 받아야 했다. 4대 보험도 내가 먼저 이야기를 꺼내서 겨우 두 번째 월급부터 적용이 되었다.

팀장과 성격도 맞지 않았는데, 술을 좋아하는 팀장의 기호에 따라 일주일에 몇 번이고 억지로 회식에 참여해야 했다. 6개월이 조금 넘게 버텼지만, 출근하면서 속으로 사고가 나길 빌고 있는 내 모습에 놀라서 회사를 나오게 되었다.

겨우 몇 개월밖에 근무하지 않았지만 실무 포트폴리오가 생기니 몇 군데서 면접을 보자고 제안이 왔다. 두 번째 회사를 나오면서 회사가 기본적으로 제공하는 혜택들과 포트폴리오가 얼마나 중요한지 알게 되었다. 주말까지 쉬지 않고 일을 한 덕분에 짧은 경력에 비해 할 수 있는 것들이 많아져서 면접을 볼 때 자신감이 넘쳤다. 그리고 나의 이직 조건은 더 까다로워졌다. 보수적이지 않고, 경력을 쌓을 수 있는 곳이며, 기본적인 혜택을 제공해 주는 곳으로만 면접을 보러 다녔다.

고르고 고른 세 번째 회사는 할 일은 많지만 분위기는 유연한 스타트업이었다. 입사 후 대표님과 과장님이 남매 관계인 가족회사라는 것을 알게 되었지만 크게 신경 쓰지 않았다. 하지만 얼마 못 가서 몇 없는 사람들 사이에서 가족과 나머지 직원이 나누어졌고, 론칭했던 서비스의 반응도 좋지 않아서 사업 방향은 갈피를 잡지 못했다. 사업 수익이 나지 않자 직원들은 더 힘들어졌다.

스트레스 때문에 유난히 머리카락이 많이 빠진다 싶었는데 오른쪽 머리에 원형탈모가 생겼고, 한동안 괜찮던 위염도 재발하면서 세 번째 회사를 나와야 했다.

몇 번의 이직에 나도 지쳐갔다. 이상적인 회사를 찾기보다는 내가 감당할 수 있는 단점을 가진 회사만 되어도 바랄 게 없었다. 이번만큼은 회사를 오래 다니고 싶었기 때문에 더욱 신중하게 이력서를 냈고 면접 제의가 와도 마음에 들지 않으면 잘 보러 가지 않았다. 고심 끝에 고른 회사는 거제에 있는 호텔이었다. 여러 단점이 눈에 보였지만 견딜 수 있는 작은 것들이라 참을 만했다. 하지만 거제에 조선 경기가 침체되고 호텔에 투숙하는 손님이 줄어들면서 몇 년째 급여가 오르지 않았다. 월급이 오르지 않으면 소비라도 줄여야 하는데, 30대가 되고 경조사 비며 차량 유지비, 옷값 같은 소위 '품위유지' 비용이 늘어났다. 하는수 없이 퇴근 후에도 디자인 일을 하고 주말에 외국어 과외를 하면서 쉴 틈 없이 일했다.

'나는 언제까지 이직할 수 있을까?'

일요일 저녁 과외를 마치고 나면 이 질문이 머릿속을 떠다녔다. '이직해야 할까?'라는 질문 대신, '언제까지 이직할 수 있을까?'라는 질문이 떠올랐던 이유는 현실적으로 이직을 할 수 없는 나이가 되어버린 것 같아서였다. 30대 중반이 되자, 사람들은 커리어보다 결혼에 대한 질문을 더 많이 했고, 몇 년 사이에 구인시장은 이미 너무 많이 변해서 웹디자이너를 구하는 공고보다 UX, UI 디자이너를 찾는 공고가 더 많아졌다. 웹디자이너나 UX, UI 디자이너 모두 웹을 기반으로 일하는 디자이너인 것은 맞지만, 웹디자이너는 보통 웹 화면을 아름답게 하는 일을 한다면 UX, UI 디자이너는 사용자의 편리성을 중심으로 한 화면 구성을 디자인하기 때문에 사용하는 프로그램이 달라 지원할 수가 없었다. 거기다가 경남에서는 내가 받는 연봉 이상을 주는 회사도 흔치 않았다.

질문에 대한 대답을 찾는 일은 제자리걸음을 걷는 것 같았지만, 그 와중에 점점 확실해지는 것들도 있었다. 버티는 삶을 지속할 수 없다는 것과 이직에 성공해도 그다음은 더 큰 벽이 있으리라는 것이었다. 깊어지는 고민은 내 회사 생활을 돌이켜보는 계기가 되었는데, 곰곰이 생각해 봐도 버티는 것 이상의 가치는 찾을 수 없었다.

다른 회사원들도 나처럼 몸이 망가지도록 버티고 사는 줄 알았지만, 실제로 회사를 잘 다니는 사람 중에 그런 사람은 없었다. 어쩌면 내가 회사 생활과 정말 맞지 않는 사람일 수도 있다는 생각이 그때 처음 들었다. 또다시 이직을 한다고 해도 고민의 무게만 무거워질 뿐 지금과 달라질 것은 없어 보였다.

'나는 미래에 무엇을 해야 할까? 진짜 결혼? 자영업?'

이직이 답이 아니라는 생각이 들자, 또 다른 질문이 나타났다. 회사원이 아닌 다른 미래에 대해 처음 생각한 순간이었다.

동물 연습(연필)
일러스트레이터를 준비하기 전에는 그리고 싶은 사물을 보이는 대로 똑같이 그렸다.

질문과 답, 그리고 지금 생각들

각 장의 마지막에는 직업을 바꾸기 전에 스스로에게 했던 질문과 그 답변들을 정리해두었다. 그리고 '프리랜서가 된 지금, 다시 그 상황으로 돌아간다면 나는 어떤 대답을 할까?'를 생각하며 추가적으로 답해봤다. 본문에서 말하는 '2020년의 나'는 퇴사를 꿈꾸던 직장인이었고, '2022년의 나'는 1년 차 일러스트레이터라는 점을 밝힌다.

1. 나는 왜 회사원의 삶을 살고 있을까?

2020년의 나: 대학을 졸업하면 당연히 회사에 가야 한다고 생각했다.

회사원 외에 삶을 생각해 본 적이 없다.

2022년의 나: 생각에 변함이 없다.

2. 나는 왜 이 회사를 선택했을까?

2020년의 나: 더 이상 이직하지 않아도 될 만큼 안정적이라고 생각했다.

2022년의 나: 생각에 변함이 없다.

3. 나는 왜 이 회사를 다니고 있을까?

2020년의 나: 다음 대안을 찾지 못했기 때문이다.

2022년의 나: 다른 시도를 하는 것에 겁이 났기 때문이다.

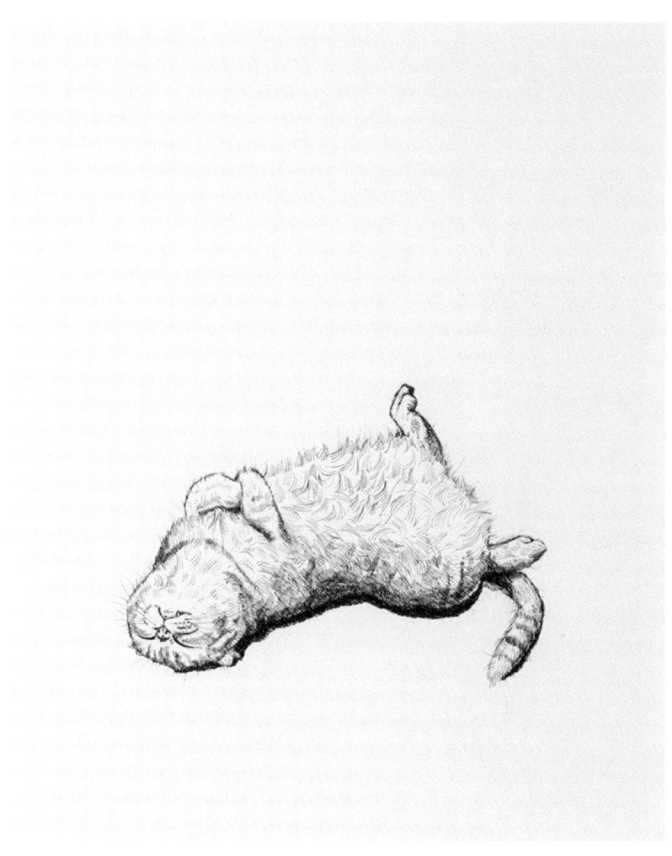

마리(펜+수채화)
반려묘 마리를 모델로 그린 그림.
일러스트레이터를 준비하기 전에는 그리고 싶은 사물을 보이는 대로 똑같이 그렸다.

3

다음 진로를 선택하기 전에

보통 선택지에서 한 가지를 제거하면 나머지를 고르기는 좀 더 쉬워진다. 하지만 진로 문제는 그리 호락호락하지 않았다. 거기다가 나는 한시가 급했다. 어떤 분야를 선택해도 또래들보다 한참은 뒤에 있을 게 뻔했다. 그들의 발끝이라도 따라잡으려면 모든 것을 빠르고 정확하게 해내야 했고, 실패는 생각할 수도 없었다.

그래도 나이를 먹고 하는 진로 고민에 나름의 장점은 있었다. 크고 작은 일을 겪으면서 어려운 문제를 다루는 능력은 훨씬 나아졌다. 나는 노트를 꺼내 머릿속에 떠오르는 것들을 적었다. 일단 그냥 생각나는 것들을 두서없이 적고 보니 하나같이 우울하기 짝이 없는 단어들만 모여있었다. 감정이 격해진 상태에서 중요한 결정을 하는 것만큼 어리석은 일도 없는데, 이러다가는 또 잘못된 선택을 할 것이 분명했다. 미래에 무엇을 해서 먹고살지 고민하는 것은 내 감정을 돌본 다음에나 가능한 일인 것 같아, 우선 내 마음부터 챙기기로 했다.

1. 우울감 덜어내기

깔끔한 새 종이를 꺼내서 내가 해야 하는 첫 번째 일을 적었다. 큰 항목이 정해지자 나머지는 좀 쉬웠다. 다시 노트로 돌아가

우울감을 덜어내 줄 수 있을법한 것들을 적고, 마음에 드는 것들을 골라냈다. 며칠을 두고 보며 만든 목록은 이렇다.

1. 우울감 덜어내기 :
하고 있는 부업 그만두기, 우울증 극복 관련 콘텐츠 보기, 전문가 상담받기, 그림 그리기, 친구들 만나기, 물고기 키우기

　우울한 감정에 빠져서 이런저런 생각만 많았는데, 밀린 방 청소를 하듯이 마음먹고 종이에 써보니 바로 해 볼 수 있는 것들이 많았다. 나는 목록에 적힌 것들을 당장 시도해 보기 시작했고, 도움이 되는 것과 그렇지 않은 것을 알아 갈 수 있었다.

　가장 먼저 한 것은 자투리 시간에 하던 일들을 모두 그만둔 것이다. 놀기 좋아하는 나 같은 사람이 한참을 쉬지 못했으니 우울해지는 것은 어쩌면 당연한 일이기도 했고, 목록을 적을 때 가장 먼저 떠오른 항목이기도 했다. 결과는 대성공이었다. 휴식할 시간이 생기자 마음에도 여유가 생겼다. 생활이 조금 빠듯해진 것 외에는 괜찮은 선택이었다.

두 번째로 한 일은 우울증 관련 유튜브를 보는 것이었다. 나는 잘 모르는 분야에 대해 노하우를 얻고 싶을 때마다 유튜브를 이용하곤 했는데, 포털사이트보다 광고도 적고, 전문가들이 운영하는 채널도 많아서 잘만 찾으면 내가 원하는 정보를 쉽게 얻을 수 있었기 때문이었다. 이번에도 그러리라는 기대를 가지고 유튜브에서 우울증 극복 방법을 검색했다. 그러자 우울증에 관한 몇백 개의 영상이 나타났는데, 알고리즘으로 유사한 영상까지 모두 끌어와서 메인화면에 보여주니 무엇을 봐야 할지 선택을 할 수 없었다. 우울증 극복은 단순히 가벼운 노하우 정도가 아니어서 그런지 마음에 드는 영상을 찾기 어려웠다. 찾아도 나와 상황이 너무 다른 사람들의 극복기이거나, 전문가들의 간단한 홍보 영상인 경우가 허다했다. 다행히 어떤 영상에서 '자존감 수업'이라는 책을 추천받아 읽었는데, 영상을 보는 것보다 책을 읽는 편이 훨씬 도움이 된다는 것을 알게 되었다. 그래서 검색포털에서 정보를 찾기보다는 마음에 드는 책을 보는 것으로 대체했다.

 전문가에게 상담받기는 목록에서 꽤 일찍 제거되었다. 심리 상담 센터의 상담 비용은 내가 감당하기에는 너무 비쌌다. 우울감을 덜어내는 가장 확실한 방법이었지만, 아르바이트를 그만두고 여윳돈이 줄어드는 바람에 경제적으로 부담이 컸다. 책을 읽고,

일을 그만두는 것만으로도 내 감정 상태는 이전보다 조금 나아져 있었기 때문에 이 방법은 차선책으로 밀려났다.

 친구들을 만나는 것도 결과적으로는 나에게 별로 도움이 되지 못했다. 내 친구들 대부분은 직장인이었기 때문에 우리의 대화는 회사에 관한 것일 때가 많았다. 친구들을 만날 때는 즐겁고 좋았지만, 친구들과 헤어지고 난 후에도 회사 이야기들이 내 머릿속에 맴돌았다. 그래서 우울한 기분이 조금 나아질 때까지만이라도 친구를 만나기보다는 조용히 혼자 책을 읽는 편을 선택했다.

 물고기 키우기도 나에게 의무감만 남겼다. 과거에 나는 작은 어항에 물고기를 키우곤 했는데, 키우는 데 재주가 있어서 그런지 해를 넘겨 사는게 힘든 종이더라도 해를 넘기는 경우가 자주 있었다. 아마 힘들 때마다 괜히 어항을 청소하거나, 물고기들을 관찰하는 버릇이 생긴 덕분에 그랬던 것 같다. 그때는 고기가 물속에서 헤엄치는 모습을 바라보는 것만으로도 걱정을 잠시 잊을 수 있었다. 이번에도 과거를 기억하며 또 어항과 물고기를 샀지만, 그것만 바라보고 있기에는 할 일이 너무 많이 생겼다는 게 문제였다. 이런 핑계로 생명을 죽일 순 없었기에, 다른 사람에게 어항을 주는 것으로 내 의무를 다했다.

마지막으로 그림 그리기는 '우울감 덜어내기' 목록에서 나와 결국 내 직업이 되었다. '우울감 덜어내기'에 그림 그리기만큼 오래도록 나에게 효과가 있었던 것은 없었다. 이전부터 종종 우울할 때 그림을 그리곤 했었다. 누군가는 힘들 때마다 노래를 부르고, 누군가는 달리듯이, 나에게는 그림 그리기가 그런 존재였다.

여러 노력으로 우울한 감정은 조금씩 나아지고 있었다. 그러자 '당장 진로를 결정하지는 않더라도 예전부터 내가 해보고 싶었던 일을 해볼 수 있지 않을까'하는 생각이 들었고, '우울감 덜어내기'가 적혀있던 종이에 2번 항목을 만들었다.

2. 할 수 있는 것 혹은 해보고 싶었던 것들 시도해 보기 :
외국어 과외, 각종 디자인 외주 작업, 지게차 자격증 따기,
실내건축기사 자격증 따기, 제빵, 바리스타 자격증 따기,
메디컬 일러스트 그리기

사실 평범한 직장인으로 살면서 주변 사람들과 나눈 대화 내용은 대화를 나눈 상대가 누구건 상관없이 별 차이가 없다. 연예인 이야기를 제외하고는 회사 욕, 누군가가 대박이 난 이야기나

요즘 직장인들의 이데올로기, 먹고사니즘에 기반한 미래에 대한 걱정 정도였다. 그래서 평소에 '나도 ~해볼까'하는 이야기로 나왔던 것 중에 약간은 뼈를 담아 말한 적이 있었던 것들을 추려낸 목록이 만들어졌다. 예전에는 반 우스갯소리로 했던 것들이지만 진로 고민 중에 적어보니 사뭇 진지하게 다가왔다. 하지만 모두 해보기엔 시간이 없으니, 이 중에 정말 해보고 싶었던 것만 해 보기로 했다.

먼저 목록에서 지워진 것은 과외와 각종 디자인 외주 작업이었다. 할 수 있는 일이라서 목록엔 넣었지만, 경험상으로 내가 평생 할 수 있을지는 의문이 드는 일이었다. 특히 내가 하는 웹디자인 분야는 변화가 너무 빨라서 따라잡을 수가 없었다. 과외도 전문적으로 하고 싶지는 않았다. 60살이 넘어서까지 학생들 집을 방문해서 수업을 할 수 있을까? 두 가지 일 모두 할머니가 되어서도 할 수 있을 것이라는 확신이 서지 않았다.

지게차 자격증도 목록에서 얼른 제거되었다. 어떤 여자 연예인이 지게차 자격증을 따서 화제가 된 적이 있었다. 그때 직장 내에서 지게차 자격증에 대한 이야기가 한참 많았는데, 지게차 자격증만큼 자유롭고 돈을 많이 받는 일도 없다고 들었다. 솔깃하긴 했지만, 생각해 보니 근무환경이 걱정되었다. 나는 보수적인 '남초' 직장에서 몇 년 동안 일을 한 적이 있었고, 여자라는 이유만으로 차별받아야 했던 많은 순간을 기억하고 있었다. 지게차가 필요한 분야도 제조업과 크게 다를 바 없어 보였다.

  나머지 실내건축기사 자격증 따기와 제빵, 바리스타 자격증 따기는 시도에 그쳤다. 나는 미대에서도 공공 디자인을 전공한 터라 공간 디자이너나 실내디자이너를 잠시 꿈꾸긴 했었다. 하지만 복잡한 3D 표현보다는 시각디자인 일을 더 재미있어 했다. 전공 때문에 잠시 실내디자이너를 꿈꾸던 그때를 생각하며, 실내건축기사 자격증을 따기 위해 수험서를 사고 학원도 알아봤지만, 또다시 별 흥미는 느끼지 못하고 수험서만 몇 장 풀고 말았다. 그리고 많은 직장인이 그렇듯이, 훗날 나도 내 카페를 열고 싶은 소망이 있었기에 제빵, 바리스타 자격증 도전은 꼭 해보고 싶었었다. 직장인이면 누구나 국비로 교육을 받을 수 있다는 학원에 가서 상담을 받았는데, 수강생이 너무 많아서 몇 달 후에나 교육을 시작할 수 있다고 했다. 아쉬운 마음에 집 근처 카페에서 진행하던 비건 베이킹 수업을 들었고 재미있어서 오븐까지 구매했지만, 집에서 빵을 만드는 일은 거의 없었다. 그래도 재미있었던 기억 때문에 아직 미련은 버리지 못하고 있다.

솔직히 말해서 그림 그리기에 보다 집중했던 탓에 베이킹에 소홀해졌던 까닭도 있다. 우울증을 덜어낸답시고 그림을 그렸는데, 시간 가는 줄 몰랐다. 그래도 그림을 업으로 하면 가난해질 것이라는 두려움에, 취미로 남아야 한다는 생각에는 변함이 없었다. 그래서 '메디컬 일러스트 그리기'를 2번 목록 아래에 넣은 것은 시간이 좀 지난 후였다.

메디컬 일러스트란, 사진으로서는 파악하기 어려운 수술 장면이나 아직 시행된 적이 없는 수술 방법들을 그림으로 설명하는 일러스트의 한 분야이다. 늘 수요가 있는 분야라서 한때, '메디컬 일러스트레이터가 되면 그림으로 먹고사는 데 지장이 없지 않을까?'하고 생각한 적이 있었다. 예전엔 그냥 그림에 미련이 남아서 한 말이었지만, 그림을 그리고 있으면 우울감을 넘어 행복한 기분마저 들었기에 이번엔 시도해 볼 만한 가치가 있다고 생각했다. 내가 잘 할 수 있는 일이고 오래 할 수 있는 일 같아 보였다. 내 미래의 직업은 그렇게 눈앞에 그려지는 듯했다. 그때부터 메디컬 일러스트레이터들이 그린 그림을 보고 따라 그리기 시작했다. 수술 장면에는 잘 적응되지 않았지만, 그림으로 안정적으로 돈을 벌 수 있는 몇 안 되는 직업인 것은 분명하니 참아보려 노력했다. 하지만 시간이 지나면서 '메디컬 일러스트레이터'라는 선택도 잘못된 선택이라는 것을 알게 되었다. 하루는 뼈와 혈관이 나온 수술 일러스트를 따라 그리다가, 다른 참고 자료를 찾고 있었다. '메디컬 일러스트'를 검색하면 나오는 수많은 자료 중에는 실제 수술 장면을 담은 사진들도 종종 섞여 있었다. 노란색 지방 덩어리가 군데군데 붙어있고 명도만 다른 붉은 살점들……. 그 사진들은 정말 징그럽고 역겨웠다.

 '또 이직하듯 진로를 선택하고 있구나'하는 생각이 번뜩 들었다. 먹고사니즘에 빠져 현실적인 부분만 고려해서 다음을 찾고 있는 내 모습이 그제야 보였다. 좋아하는 것보다 먹고사는 것, 내가 덜 싫어하는 것을 골라 나의 진로를 정하고 있었다. 수술 장면과 징그러운 것은 싫지만, 안정적으로 보였기 때문에 메디컬 일러스트레이터가 되는 것이 옳다고 생각했다. 이렇게 진로를 정한다면 지금까지 버텨왔던 삶과 무엇이 다를까? 메디컬 일러스트레이터가 된 나는 역겨움을 견디며 수술 장면을 그리고 있을 것이다. 불안에 쫓기면서 또 과거에 했던 것처럼 미래를 만들려고 했고, 또 나중에 가서 후회할 게 뻔했다. 의미 있는 미래를 만들려면 내가 견딜 수 있는 것을 찾는 일부터 그만두어야겠다고 생각했다. 그리고 좀 다른 방향으로 생각하기를 마음먹었다.

질문과 답, 그리고 지금 생각들
나는 회사에 최선을 다했는가?

4. 이 회사에서 배울 점은 있는가?

2020년의 나: 고객 응대, 고객 관리 방법 등을 배웠다.

2022년의 나: 회사 SNS를 관리해 보면서 온라인 마케팅도 조금 배웠다.

5. 이 회사에서 불만인 점은 무엇인가?

2020년의 나: 내가 담당하고 있는 업무에서 배울 점이 없다.

2022년의 나: 내가 담당하고 있는 업무에서 배울 점이 없다는 것과 부서나 사람들끼리 서로 협력하지 않는 분위기도 있었다.

6. 나의 불만을 없애기 위해 노력해 본 적이 있는가?

2020년의 나: 혼자 직무에 관한 공부를 해봤다.

2022년의 나: 여러 가지 노력은 했으나, 분위기에 휩쓸려 다른 사람들을 믿지 못하고 너무 모든 것을 혼자 하려고 했다.

7. 이 회사를 위해 노력해 본 적이 있는가?

2020년의 나: 새로운 일을 시도해 보았다.

2022년의 나: 그래도 새로운 일을 여러 사람들과 함께 시도해 봤으면 좋았을 것 같다. 회사원보다 다양한 분야의 일을 해볼 기회가 더 많은 프리랜서에게 협업 능력은 필수적인데, 좋은 기회를 놓친 것 같아 아쉽다.

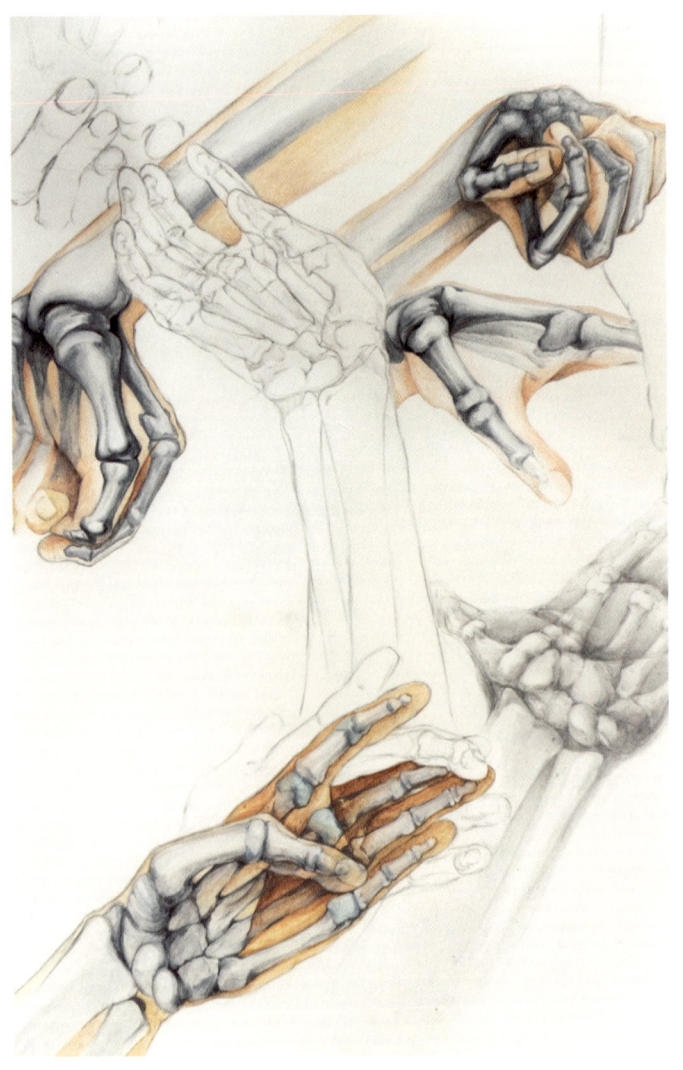

손 연습 1 (연필+수채화+색연필)
메디컬 일러스트레이터가 되어야겠다고 생각하고 그린 연습 그림.
장기를 그린 그림도 있지만 책에는 넣지 않았다.

4

나를 찾아줘

싫어하는 일을 억지로 하면 불행해진다는 것은 잘 알면서, 덜 싫어하는 일도 마찬가지라는 사실을 알기까지는 왜 그렇게 긴 시간이 필요했는지 모르겠다. 그저 덜 불행한 일일뿐, 행복해지는 일이 결코 아니었다. 미래를 행복한 일들로 더 많이 채우려면, 내가 좋아하는 것을 찾아야 한다는 결론을 내렸다.

그렇게 좋아하는 일을 찾기로 결정하긴 했지만, 너무 추상적이었다. 진짜 좋아하는 일을 찾기에 스스로에 대해 너무 아는 게 없었다. 회사에서 막내로 일해오면서 내 취향을 숨기는 데 익숙해졌기 때문이다. 동물들만 생존을 위해서는 진화와 퇴화를 하는 게 아니었다. 회사에서는 직급에 따라 취향의 중요도가 달랐으니, 내 취향을 찾기보다는 윗사람들의 취향을 맞춰주기 바빴다. 말단 사원이 어떤 것에 확실한 기호를 가지는 것만큼 불편한 일도 없었다. 나를 특정할 수 있는 취향은 내가 알아차리기도 전에 사라져버린 지 오래였고, 눈치만 빨라졌다. 그래서 처음으로 내가 좋아하는 것에 대해 진지하게 질문을 던졌을 때는 생각나는 게 몇 가지 없었다. 기껏해야 좋아하는 음식 한두 가지 떠오르다 말았다. 어떻게 이렇게까지 철저하게 나를 지우고 살았을까? 뒤늦게 나를 구성하고 있는 취향들이 절실해졌다.

다음 목표와 해야 할 일들은 자연스럽게 생겨났다.

나라는 사람 찾기 :
과거 일기 다시 보기, 책 읽기, 명상하기, 하루에 좋았던 일 3가지씩 적기

다행히도 가끔 써둔 일기들이 있었다. 한 번씩 재미 삼아 내가 쓴 일기를 읽을 때가 있었는데, 그럴 때마다 내가 기억하지 못했던 일들을 발견하는 데 도움이 되었다. 분명 이번에도 내가 자주 한 일이나 느꼈던 감정을 찾으면 나를 좀 더 잘 이해하는 데 도움이 될 것 같았지만, 문제가 금방 나타났다. 내가 썼던 과거 일기 대부분이 회사 생활에 진절머리가 난 상태로 쓴 것이라 좋아하는 것을 찾는 일에는 별로 도움이 되지 않았다.

과거의 나에게서 좋아하는 것을 많이 발견하지 못했으면, 현재의 나에게 억지로 물어보는 방법밖에 없었다. 잠들기 전에 그날 좋았던 일을 3가지씩 적어나갔다. 그리고 실제로 이 방법은 나에게 여러 가지로 도움이 되었다. 억지로라도 좋았던 일을 떠올리는 것만으로도 불안하고 부정적인 감정을 다스리는 데도 도움이 되기도 했고, 내가 좋아하는 것을 찾는 데 매우 효과적이었다.

몇 달간 기록을 모아보니, 나도 몰랐던 기분 변화의 흐름과 취향에 대해서 알 수 있는 자료가 되었다. 나는 이 방법이 나만의 노하우라고 생각했지만, 나중에 책을 통해서 이미 많은 사람들이 자기 자신을 좀 더 객관적으로 보기 위해 하고 있는 '메타인지 훈련'이라는 것을 알게 되었다.

 우울감을 덜어내는 데도 많은 도움이 되었던 책 읽기도 계속했다. 20대 때만 해도 책을 그렇게 좋아하진 않았지만, 상담 센터에서 상담받는 비용보다 훨씬 더 저렴한 비용으로 우울함에서 빠져나온 후에 독서의 효과를 맹신하기 시작했기 때문이었다. 이번에도 독서는 내가 행복에 더 가까운 선택을 할 수 있도록 도와줄 것임에 믿어 의심치 않았다. 나는 주로 행복과 삶, 진로에 관한 책을 찾아봤는데, 『열두 발자국(정재승)』, 『브랜드가 되어간다는 것(강민호)』, 『죽음의 수용소에서(빅터 프랭클)』 등이 이때 만난 좋은 책들이다. 이 책들은 일반적인 자기계발서처럼 어떤 길을 선택하라고 정해주진 않지만, 살아가는 것에 대해 어떤 의미와 태도를 가져야 할지 생각할 수 있게 도와주었다. 독서 후에는 짧게라도 느낀 점을 남기려고 노력했다. 그런 작은 메모들은 '행복한 삶'과 같은 이상적인 것에 대한 내 생각을 정리해 보는 기회도 생겼고, 내 진로를 정하는 데에도 많은 도움이 되었다.

꾸준히 하지는 못했지만 명상도 좋았다. 아르바이트를 그만두고 남는 시간에 가끔 요가 강좌를 들었는데, 항상 마지막에는 누워서 명상을 했다. 명상의 핵심은 생각 비우기였지만, 잡생각이 많은 탓인지 아무리 애를 써도 생각이 비워지지 않았다. 다행히 명상에는 그런 잡생각을 떨쳐내기 위한 방법도 마련되어 있었다. 바로 생각의 흐름을 지켜보는 것이었다. 언제나 머릿속을 말끔히 비우지 못하고 끝나도 내가 어떤 식으로 생각하는지, 어떤 감정을 느끼는지 좀 더 구체적으로 아는 데 도움이 되었다.

이렇게 내가 올바른 진로를 찾기의 방법이라고 생각하고 시도한 것들은 이전보다 너무 이상적이고 구체적이지 못한 것 같은 느낌이 있었다. 이러다가 또 헛다리짚는 게 아닌가 하는 의구심이 들 때도 많았다. 하지만 아무리 생각해도 더 나은 방법은 생각나지 않았다. 당장 더 '현실적'이라고 생각되는 방법들에 대해 궁리해 보면 돈을 더 많이 벌기 위한 직업을 찾는 것뿐이었고, 그것은 이미 내가 시도해 보았었다. 그런 이전의 방법은 오랜 시간 끝에 나와 맞지 않는 방법이라는 것을 알게 되었으니 뜬구름 잡는 듯하지만 이보다 더 좋은 방법은 없었고 더 맞는 방법도 없었다. 그리고 효과는 서서히 나타났다.

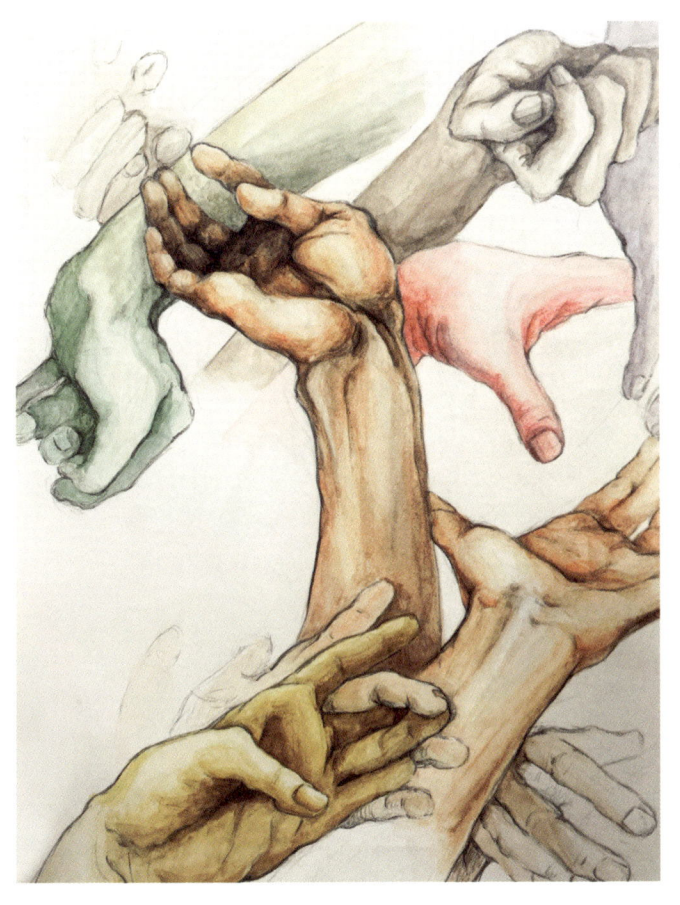

손 연습 2 (연필+수채화)
메디컬 일러스트레이터가 되어야겠다고 생각하고 그린 연습 그림.
장기를 그린 그림도 있지만 책에는 넣지 않았다.

질문과 답, 그리고 지금 생각들
퇴사 후, 나의 계획은?

8. 퇴사 후, 한 달의 계획이 있는가?

2020년의 나: 상경하는 동시에 일러스트 학원을 다닌다.

2022년의 나: 상경과 동시에 바로 그림을 시작한 것은 좋은 선택이었다.

9. 퇴사 후, 세 달의 계획이 있는가?

2020년의 나: 일러스트 학원을 다니고, 포트폴리오를 만든다.

2022년의 나: 세 달 만에 포트폴리오에 넣을 만한 그림이 나올 수 없었다.

10. 퇴사 후, 1년의 계획이 있는가?

2020년의 나: 포트폴리오를 완성하고 의뢰를 받는다. 실패할 경우, 취업을 하고, 일러스트레이터 활동도 병행한다.

2022년의 나: 일을 시작하는 것보다 더 중요한 것은 유지하는 일인 것 같다. 지금도 그림으로 생계를 유지할 수 없다면, 생활을 유지할 수 있는 다른 일을 겸하겠다는 계획은 유효하다.

11. 퇴사 후, 3년의 계획이 있는가?

2020년의 나: 일러스트레이터로 일을 지속한다.

2022년의 나: 더 일찍 계획하고 구체적이어야 한다. 지금 계획을 이야기해보면 의뢰를 받을 수 있는 창구를 한국뿐만 아니라 해외로도 늘려보는 것이다.

무제(아크릴+디지털)
아크릴로 채색을 하고 디지털 작업으로 마무리한 그림.
시리즈로 만들고 싶었는데 시간이 너무 오래 걸려서 완성하지는 못했다. 수작업에 소요되는 시간이 너무 많다고 느껴져서 디지털화를 더 선호하게 되었다.

5

무엇을 하는 할머니가 되고 싶은가?

시간이 가면서 나에 대해 알게 되는 것이 늘어났다. 좋아하는 계절과 날씨, 하루 중 컨디션이 가장 좋은 시간, 좋아하는 음식은 비교적 빠르게 찾아낼 수 있었다. 무엇보다 큰 발견은 생각해오던 것과 다른 내 모습을 두 가지나 찾았다는 것이다.

먼저 나는 의외로 남들에게 인정받는 것을 좋아한다는 사실이었다. 지금까지는 다른 사람들의 평가보다 자신의 만족을 더 중요시하는 사람이라고 생각해왔다. 하지만 하루하루 기록을 남기면서 그렇지 않다는 것을 깨달았다. 그림을 그린 날에는 그날 좋았던 일을 '그림을 그린 일'과 함께 'SNS에 올려서 반응이 좋았던 일'까지 기록했다.

그리고 월급이 부족해서 아르바이트까지 하며 살아왔지만, 나는 그렇게까지 하지 않아도 만족할 수 있는 사람이라는 것을 알게 되었다. 돈이 없으면 몸도 마음도 괴로워질 거라고 생각했는데 사실은 그렇지도 않았다. 기름값, 옷값, 경조사비 같은 품위 유지 비용을 의도적으로 줄이면서 약간의 남는 돈이 생겨서 그랬을 수도 있다. 하지만 결정적으로 내가 좋아하는 것 중에는 크게 돈이 드는 일이 없었다. 책은 옷보다 쌌고 명상과 일기 쓰기에는 아예 돈이 들지 않았다. 돈이 없어도 시간을 잘 보낼 수 있는 방법을 찾으니 누구에게도 방해받지 않는 그 시간이 너무 소중하고 좋았다.

혼자만의 시간이 충분히 행복해지면서 기대하지 못한 일들도 일어났다. 회사 생활이 예전만큼 힘들게 느껴지지 않았다. 회사가 달라진 것은 결코 아니었다. 나를 힘들게 하던 사람들과 요소들은 그대로였지만, 이제는 그런 것들로 흔들리지 않았다. 불안감도 그랬듯이 분노와 짜증도 내가 느끼는 순간의 감정일 뿐, 나를 이전처럼 크게 움직일 수는 없었다. 제대로 진로에 대한 고민을 해봐도 될 만큼 내 마음 컨디션은 그 어느 때보다 좋아졌다. 다시 나는 처음으로 돌아가서 내 미래에 대해 생각하기 시작했다.

무엇을 하는 할머니가 되고 싶은가?

진로에 대한 고민은 이 질문에 답을 찾는 것으로 대신하기로 했다. 이 질문은 내 마음에 쏙 들었는데, 일단 '할머니'라는 말이 들어가서 아주 먼 미래까지 그려볼 수 있다는 점이 그랬다. 할머니가 된 나를 상상하니 당장 먹고사는 문제와도 자연스럽게 멀어져서 좋았다. 그리고 이 질문에는 직업으로 답을 할 수 없다는 점도 마음에 들었다. 직업이라는 것은 생계와 밀접한

연관이 있어서 어쩔 수 없이 돈을 떠올리게 하니까. 그리고 내가 좋아하는 활동들을 모두 묶어서 간단하게 어떤 직업으로 단정 짓기도 어려웠다. '디자이너를 하는 할머니', '일러스트레이터를 하는 할머니' 같은 답변은 그냥 보기에도 좀 이상했다.

지금까지 즐겨 해오던 일 중에 할머니가 되어서도 계속하고 싶은 게 무엇일까?

질문을 조금 바꾸어도 봤다. 할머니가 되어서까지 하고 싶은 일이라면 나의 기호와 함께 지속성도 고려해야 한다고 생각했다. 내가 할머니가 되어서도 하고 싶은 일이 기왕이면 이미 예전부터 해왔고, 지금도 하고 있는 일이면 더 좋을 것 같았다. 그리고 아무리 생각해 봐도 그것은 '그림 그리기'였다. 할머니가 된 나를 생각하니, 그림을 그리고 있는 나이 든 내 모습이 떠올랐다. 좀 더 구체적으로 떠올려봤다.

어느 오후에 햇볕이 드는 방 안에서 커피를 옆에 두고 그림을 그리는 할머니 모습이 그려졌다. 가끔 빵을 굽고, 책을 읽고, 커피를 내리는, 하지만 주로 그림을 그리는 그런 할머니가 되고 싶었다. 그림을 모아서 전시도 하겠지. 잡지나 신문에 내 그림이 실려도 좋을 것 같았다. 내가 그린 그림들로 꾸민 집에서 일상을 보내며 밝게 웃고 있을 나이 든 내 모습을 떠올리니 금방 행복해졌다. 집의 크기나 모아둔 재산보다는 내가 보낸 세월만큼 쌓여있을 그림이 먼저 생각났다. 경제적인 이유로 그림에 선을 그어두고 취미 이상으로는 생각하지 않으려 했던 30년이 넘는 세월을 뒤로 하고, 비로소 나를 위한 일은 '그림 그리기'라는 것을 받아들였다.

연습 그림 1 (디지털)
다른 일러스트레이터들의 그림을 참고하여 비슷한 스타일로 연습한 그림.
지금 내 그림들과는 많이 다르다.

질문과 답, 그리고 지금 생각들
퇴사를 하면 잃는 것들은?

12. 이 회사를 다니며 좋았던 점은 무엇인가?

2020년의 나: 먹고, 지낼 곳을 모두 해결해 주는 복지와 다른 곳보다 조금 높은 급여, 저녁이 있는 삶을 가능하게 해주는 퇴근시간이 가장 큰 장점이었다.

2022년의 나: 다음 일을 도모할 수 있는 여유시간이 있다는 점이 가장 큰 장점이었다.

13. 퇴사를 하지 않았을 때 일어나는 일은 무엇인가?

2020년의 나: 돈을 모을 수 있다. 2명의 사내 디자이너가 필요하지 않은 만큼, 몇 년 후에 퇴사 압박을 받을 수 있다(당시 회사에는 웹 담당, 인쇄 담당 디자이너가 각 1명씩, 총 2명이 일하고 있었다).

2022년의 나: 겨우 잠재웠던 우울증이 다시 생기고, 나이를 더 먹어감에 따라 도전하기를 더 겁내지 않았을까 한다.

마음(디지털)
그림에 글자를 넣는 아이디어를 발전시켜 처음으로 완전한 디지털화를 완성했다.
은은한 분위기의 그림을 그리고 싶었다.

6

결정 그리고 반대와 마주하기

그림을 다음 진로로 생각하니 취미로 하던 때와는 사뭇 다르게 느껴졌다. 친하게 지내던 친구를 결혼을 전제로 한 배우자 감으로 소개받은 듯한 기분이 들었다. 그리고 이내 그림과 함께 할 미래에 대해 불안감을 느꼈다. 사실 그림에 대한 나의 애정은 미지근하고 흐린 데가 있었다. 한동안 아예 그림을 그리지 않고 지낸 기간도 있었고 그림에 푹 빠져 본 것도 너무 오랜만의 일이었다. 어설픈 마음으로 한 평생 그림을 그리고 살아도 괜찮을지 의문이 들었다. 내가 그림을 좋아하는 것은 확실하지만 그 정도에 대해서는 자신이 없었던 것이다.

식은 열정의 빈자리를 채워줄 더 단단한 감정과 확신이 있어야 이런 마음이 가다듬어질 것 같았다. 그래서 과거에 내가 손댔던 다른 잡다한 취미들보다 오래, 그리고 자주 그림 그리기에 몰입해있었다는 점을 떠올렸다. 최근에도 어느 일보다 가장 여기에 몰입하였다는 점에서 나에게 그림 그리기가 단순한 취미활동 그 이상의 의미가 있다고 믿기로 했다. 열정이 예전 같지 않다고 해도 그림과 애정으로 묶여있기 때문에 그토록 오래 할 수 있지 않았을까? 내 생각이 좀 억지스럽긴 하지만 그러면 또 어떤가. 어차피 완벽하게 확신이 서는 일은 드물고, 내가 경험해 본 것 중에 가장 좋았던 것으로 그림이 떠올랐다는 사실이 중요했다. 겁은 났지만, 재차 마음을 다잡고 어렵게 찾은 내 길을 포기하지 않을 거라고 다짐했다. 그렇게 '그림 그리는 삶'은 나의 미래가 되었다.

진로 문제가 결심하는 것으로 해결되면 얼마나 좋을까? 결심은 시작에 불과했다. 또 다른 문제들이 줄줄이 머릿속에 떠올랐는데 하나같이 만만치 않아 보였다.

가장 큰 문제는 역시 '어떻게 그림으로 돈을 벌 것인가' 하는 것이었다. 그림에도 쓰임새가 있어, 광고, 책 표지, 제품 패키지 등 용도에 따라 각각에 어울리는 분위기가 있어야 했다. 하지만 취미로 그린 내 그림에는 그런 분위기는 고사하고 나만의 스타일도 없었다. 내가 가진 문제를 어떻게 하면 해결할 수 있을까 고민하던 중에 자기에게 맞는 그림 스타일을 찾아준다는 한 일러스트 학원을 발견했다. 획일적인 일러스트 스타일을 가르치지 않고 각자가 가진 개성을 찾아준다는 면에서 수업내용이 매우 마음에 들었다. 하지만 이런 학원들은 왜 모두 서울에 몰려있는지……. 거제에 있는 회사에 다니며 다음 진로를 준비할 방법은 아무리 생각해도 떠오르지 않았다.

내가 서울로 가야만 했다. 어쩔 수 없이 퇴사하고 상경하는 계획까지 세워야 했다. 거제에서 서울로 가는 일을 어떻게 그렇게 대범하게 결정할 수 있었는지 누가 물어본다면, 늘 생각해왔던 일이었기 때문이라고 대답할 수 있다. 디자이너로 몇 년 동안 일을 했지만 '경력직 디자이너는 이직이 잘 된다'라는 말은 적어도 지방에서는 해당되는 말이 아니었다. 구직 사이트에서 경남지역 공고를 보면 '사무 보조해 주실 참신한 웹디자이너 모십니다' 같이 디자인이 인질로 잡혀있는 듯한 공고가 대부분이었고, 연봉도 만족스럽지 않았다. 마음에 드는 일자리들은 모두 서울, 경기 쪽에 몰려있고, 경남에서는 괜찮은 일자리를 찾는 것부터 '일'이 되는 느낌이었기 때문에 상경은 이직할 때에도 늘 고려해왔었다. 그저 고향이 좋아서 그런 필요를 늘 외면하며 지내왔지만, 이번만은 서울로 가는 것이 필연적이라고 생각했다.

진로 문제와 상경은 고민 끝에 도달한 결론이라 내가 짊어질 책임의 무게까지 모두 감수할 각오가 되어있었다. 그러나 부모님께 알리는 것은 다른 문제였다. 이 문제에서 부모님을 완전히 제외해 둘 수는 없었다. 만약 부모님께 이야기하지 않았다가는 우리 사이는 거제에서 서울로 가는 거리만큼 멀어질 것이 뻔했다. 책임에 대한 확신만 있으면 부모님의 생각이 내 의견과 반대되더라도 나를 막지 못하리라 생각해서 부모님께 통보하기로 했다. 동생은 다행히 내 편이었다. 서울에서 대학, 대학원 생활을 한 동생은 더 늦기 전에 하고 싶은 것을 시도해 보라며 나에게 힘이 되어주었다. 나는 동생이 서울에서 부모님을 보러 오는 날인 설날에 부모님께 상경에 대해 말하기로 했다(지금 생각해 보면 큰집 며느리인 엄마의 스트레스가 극에 달한 설 연휴 마지막 날을 선택한 것이 실책이었다).

설날이 오기 전에 나는 만반의 준비를 했다. 종이에 부모님이 할 수 있는 모든 예상 질문을 적고, 다음에 답을 적었다. 만약 질문에 답을 하지 못하면 내가 서울에 갈 이유도 없다고 생각했기에, 적어 내려가는 질문 하나하나에 최선을 다해 답을 써 내려갔다.

Q. 결혼은 안 할 거냐, 언제 할 거냐?
A. 거제에 있는다고 결혼이 되는 것은 아니니 서울에 가서 여러 사람을 만나보겠다.
Q. 집은? 돈은? 회사는?
B. 동생이랑 살 집을 구할 예정이고, 경제적인 부분은 부모님께 손 벌리지 않고 알아서 할 예정이다. 회사는 그만둘 예정이다. 계속 있으면 나중에 더 문제가 될 것 같다.

Q. 왜 갑자기 진로를 바꾸려고 하나?
A. 진로에 대한 고민은 꾸준히 해왔다. 지방 디자이너로 계속 있다가는 나중에 정말 할 수 있는 게 없어질 수 있다. 지금이 어쩌면 진로를 바꿀 수 있는 마지막 기회인 것 같다.

  그리고 결전의 날은 금방 다가왔다. 설 마지막 날 모든 친척이 돌아가고, 집에 우리 가족밖에 남지 않았을 때였다.

"엄마, 나 회사 그만두고 서울로 가려고."

  이런 일을 다시 한번 겪게 된다면, 나는 절대 열심히 대비하지 않을 것이라고 다짐했다. 내가 무슨 말을 해도 부모님을 설득시키지는 못한 것이라는 걸 알게 되었다. 엄마는 한동안 이해를 하지 못하다가 목소리를 점차 높여갔다. 나의 바보 같은 계획 때문에 명절은 온통 눈물바다가 되었다. 누가 울었냐고? 당연히 내가 울었다. 나는 부모님과의 갈등을 최소화하기 위해 몇 달을 준비했다. 동생과 말을 맞추기 위해 계속 전화를 해대는 바람에 동생이 지겨워할 정도였다. 하지만 내 계획은 처참히 망가졌다. 부모님의 머릿속에는 내가 어떤 남자와 결혼을 해서 서울로 가는 것 외에는 그 어떤 것도 서울로 갈 수 있는 이유가 못 되었다.

34살 노처녀가 퇴사하고 진로를 바꿔 서울로 가겠다고 했으니, 부모님 귀에는 정신 나간 소리로 들렸을 것이다. 회사 생활의 어려움, 안정적인 것처럼 보이지만 사실상 부족한 비전 등 내가 서울로 가야만 하는 그 어떤 이유에도 부모님은 설득되지 않았다. 부모님이 반대할 것이라고는 생각했지만 화를 냄으로써 나를 제압할 것이라고는 생각하지 않았다. 부모님과 마주 앉아 물어보는 질문에 내가 차근차근 답을 하는 것을 상상하고 있었지만, 서른 넘은 딸에게 차마 손을 댈 수 없었던 부모님은 대신 나를 말로 매질했다. 그때 나는 죄인으로서 눈물에 목이 막혀 어떤 말도 꺼낼 수 없었다. 나는 부모님 댁을 나와서 자취방으로 돌아왔다.

부모님은 나의 통보를 받아들이는 데까지 약 2주 정도의 시간이 필요했던 것 같다. 엄마는 내가 이러다가 훌쩍 서울로 가버릴 것 같았는지 집으로 오라고 먼저 손 내밀어 주셨다. 사실 나도 그랬다. 자존감, 실망감 따위와는 상관없이 거제에서 한 시간 거리에 있는 부모님 댁이 서울보다 더 가기 어려워질 것 같아서 무서웠다. 그래서 한풀 꺾인 엄마의 목소리에 용기 내어 부모님 댁을 방문했고, 부모님과 감정이 약간 식은 상태로 나의 결정에 관해 이야기할 수 있었다.

대화를 통해 만족스러운 결론이 난 것은 아니다. 나는 부모님을 설득하는 데는 끝까지 성공하지 못했다. 그래도 대화를 통해 나와 부모님이 원하는 미래가 다르다는 것을 서로가 이해는 하게 되었다. 부모님과 나는 계속 같은 말을 되풀이하다가, 결국 '일말의 도움도 주고받지 않겠다.'는 말에 동의하고 타협했다. 부모님은 나를 지지할 수 없었고, 나 또한 그 사실을 받아들였다. 이제 내가 할 수 있는 것이라고는 서울에 별문제 없이 올라가는 것밖에 없었다. 그 누구의 도움도 받지 않고 나 홀로 해야 할 일들만 한가득이었다.

질문과 답, 그리고 지금 생각들
경제적인 문제와 문제 해결 방법은 있는가?

1

14. 향후 1년간 예상되는 큰 지출은 무엇인가?

2020년의 나: 자동차 보험, 명절 부모님 용돈, 이사비용, 학원비

2022년의 나: 디지털 드로잉 액정 테블릿 구매 비용, 디지털 일러스트

　　　　　　인터넷 강의 1년 수강 비용, 미니 건조기, 전자레인지 등

　　　　　　이사비용 추가 지출, 공동 작업실 비용

15. 수입 없이 6개월을 버틸 수 있는 돈이 있는가?

2020년의 나: 당장 유통할 수 있는 현금 1,500만원

2022년의 나: 1,500만원은 아껴 쓴다면 6개월은 버틸 수 있다. 하지만

　　　　　　새로운 일을 시작하고 먼 거리를 이사하기에는 빠듯한

　　　　　　금액이었다.

16. 6개월 후에는 어떻게 돈을 벌 것인가?

2020년의 나: 그림 그리기와 병행할 수 있는 아르바이트를 시작하겠다.

　　　　　　카페 아르바이트, 미술학원 강사, 과외수업 등은 바로 할

　　　　　　수 있는 일이다.

2022년의 나: 카페 아르바이트를 가장 하고싶었지만, 나이가 많아서

　　　　　　혹은 경력이 없어서 등의 이유로 할 수 없었다. 결국 동생의

　　　　　　소개로 이미지 보정 아르바이트를 했다.

17. 월급 외에 고정 수입이 있는가?

2020년의 나: 매 월 10만원 정도 받는 돈이 있다.

2022년의 나: 아직 고정 수입에 대한 걱정은 변함이 없다.

18. 나에게 들어가는 고정비용은 얼마인가?

2020년의 나: 월 평균 90만원 정도 예상

2022년의 나: 작업실 비용 + 식비 + 교육비 + 보험비가 추가되면서 110만원 이상이 지출 되었다. 끼니를 모두 집에서 해결하고 카페에서 작업하는데 드는 비용을 포함하니 늘 110만원 정도의 생활비가 지출되는 것 같다.

연습 그림 2 (디지털)
다른 일러스트레이터들의 그림을 참고하여 비슷한 스타일로 연습한 그림.
지금 내 그림들과는 많이 다르다.

연습 그림 3 (디지털)
다른 일러스트레이터들의 그림을 참고하여 비슷한 스타일로 연습한 그림.
지금 내 그림들과는 많이 다르다. 요즘 하는 결혼에 대해 생각하며 그렸다.

7

지금 회사가 주는 선물들

부모님과 이야기가 어느 정도 정리된 다음 내가 할 일은 퇴사 준비였다. 이전에는 그저 싫었던 회사를 떠나 다른 곳으로 가는 게 홀가분하기만 했는데, 다시는 회사로 돌아오지 않겠다는 마음으로 퇴사 준비를 하다 보니 새로운 것들이 보이기 시작했다.

　매번 반찬 투정을 하며 먹던 회사 밥도 회사를 나가면 먹지 못하게 될 것이었다. 영양사인 동기를 통해 알게 되었던 우리 회사의 점심 식대는 인당 이천칠백 원이었다. 퇴사하게 된다면 이천칠백 원으로 매일 다른 반찬과 밥이 나오는 식사는 하기 어려울 것이었다. 월급에 찍혀 나오는 국민연금 보험비도 회사가 절반 부담해 주고 있었지만, 바깥세상으로 나가게 되면 그것도 온전히 내 몫이었다. 회사에서 사주던 필기구도, 내 자리에서 몇 걸음만 가면 사용할 수 있었던 복사기도 필요하다면 내가 사야 했다. 컨디션이 좋지 못해서 일의 능률이 떨어져도 회사는 정해진 날에 예상 가능한 액수를 내 통장에 넣어주었다. 내가 회사를 싫어할 때조차 회사는 주고 있는 것들을 거두어가지 않았다. 거기다가 회사는 나를 남들에게 더 쉽게 소개할 수 있도록 해주었다. 다른 사람을 만날 때, 어떤 회사에 다니는 웹디자이너라고 나를 간편하게 설명할 수 있었다. 하지만 목에 걸고 다니던 사원증을 반납하는 순간 회사가 주는 이 많은 선물은 더는 내 것일 수 없었다.

다행인 점은 회사에서 가져갈 수 없는 것만 존재한다는 게 아니었다. 회사에서 받은 많은 것 중에 일부는 내 것으로 만들어서 나갈 수 있었다. 가장 먼저 나에게 도움이 되는 여러 가지 습관이 그랬다. 입사 초에는 우리 회사의 가장 큰 단점이 빠른 출근 시간이라 생각했었다. 아침잠이 많던 터라 몇 년 동안 고생한 끝에 아침잠을 이기는 습관을 만들었는데, 주말마저 누가 깨우지 않아도 출근 시간에 일어났다. 처음에는 모든 생활이 회사에 맞춰져 있는 것 같아 싫었지만 잠을 이겼다는 감각만으로도 뿌듯해 주말 시간을 더 알차게 보낼 수 있었다.

웃으면서 하는 인사도 이제 습관이 되었다. 호텔 특성상 전 직원이 서비스 교육을 받아야 했고, 미소 띤 얼굴로 하는 인사를 따로 배워야 했다. 나는 이 인사법도 마음에 들었다. 처음에는 낯선 사람에게 웃으면서 인사하는 게 어색했는데 그것도 몇 년이 지나니 좀 자연스러워졌다. 타인을 대할 때 기본적인 예의로 알고 있는 이 인사법을 의외로 내가 만난 많은 사람은 하지 않고 있었고, 예전에는 나 또한 잘 지키지 않았었다. 낯가림이 많아서 새로운 사람들을 만날 때 표정이 굳어있을 때가 많았는데, 웃는 얼굴로 인사를 하기 시작하면서 그런 낯섦을 떨쳐낼 수 있었고 상대방도 나를 좀 더 편하게 받아들이는 듯했다.

회사가 가르쳐준 습관들은 혼자 세상에 나갔을 때도 나에게 큰 도움이 될 수 있으리라 생각했다. 아침 일찍 일어나는 습관은 나태함에서, 살갑게 인사하는 습관은 고립에서 나를 지켜줄 것이었다. 그래서 퇴사를 하고 나서도 이런 습관은 절대 버리지 않기로 마음먹었다.

회사에서 성장하는 태도와 시스템도 배웠다. 호텔에는 매월 정해진 목표가 있어서 달성 여부에 따라 사무실 분위기가 달라졌다. 정해진 목표를 어떻게든 달성하기 위해 계속해서 새로운 것을 시도해야 했기 때문에 지칠 때가 많았다. 하지만 회사를 나가려고 하니 어떻게든 업계에서 살아남으려고 하는 회사의 시스템은 본받을만하다는 생각이 들었다. 그림을 그리는 일이 좋아서 시작했지만 그림으로 생활이 가능한 돈을 만들어낼 수도 있어야 했다. 그리고 생활이 어려워질 때 나름의 돌파구를 찾아야 했다. 그런 의미에서 10년이 넘는 업력을 가진 회사가 살아남을 수 있었던 비결을 잘 배워두어야 했다. 언젠가는 나를 위기에서 구해줄 방법이 될지도 모를 일이었다.

나를 칭찬하는 법도 회사에서 배웠다. 매년 연말이 되면 인사평가서를 적어 내야 했는데, 자기가 한 해 동안 얼마나 많은 일을 했고 그것들이 얼마나 대단한지 적는 식이라 좀 부끄러운 면이 있었다. 그래도 나의 업적(?)으로 가득 채워진 글을 읽다 보면 스스로가 꽤 괜찮은 사람으로 보여서 뿌듯하기도 했다. 나는 자신을 칭찬하는 데 능숙하지 못해서, 인사 평가서처럼 억지로라도 잘한 일을 적어보는 경험도 필요하다고 생각했다. 나는 가끔 다른 사람에게는 감히 하지 못할 비난 섞인 말들을 속으로 나 자신에게 할 때가 많았는데, 퇴사하고 한동안 학원에 다니며 돈을 벌지 못할 때 내가 자신을 얼마나 몰아붙일지는 겪어보지 않아도 알 수 있는 일이었다. 혼자 모든 것을 해내려면, 나를 다그치기도 해야 하지만 나를 칭찬할 줄 알아야 한다는 생각이 들었다. 그런 점에서 이전까진 상사를 위해 썼지만 이제는 오로지 내가 나를 기특하게 여기기 위해서 한 번쯤은 종이 가득 나에 대한 장점과 내가 이루어낸 성과에 관해 써야겠다고 다짐했다.

마지막으로 회사가 준 최고의 선물은 서울에 살 수 있는 집으로 꼽을 수 있다. 몇 번 서울을 방문해서 알아봐 뒀던 학원을 등록하고 거처 문제도 동생과 함께 이야기했다. 서울에 있던 동생과 사이가 좋았던 터라 함께 살기로 했다. 그런데 예산이 문제였다. 서울 집값은 지방에 비할 바가 되지 못했다. 내가 모아둔 돈과 동생이 모아둔 돈, 그리고 퇴직금을 합한다고 해도 전세금의 절반쯤 감당

할 수 있을 뿐이었다. 하는 수없이 생에 처음으로 은행에서 대출을 받아야 했는데, 신분증명과 이전에 받아두었던 월급명세서 등을 제출하고 서류를 통과해야 돈을 빌릴 수 있었다. 만약 내가 회사원이 아니었다면 은행은 나를 믿지 못하고 전세 비용을 대출해 주지 않았을 것이다. 회사는 내가 믿을 수 있는 사람이라는 증거를 만들어 주었고 그 덕분에 나는 마음에 드는 집을 구할 수 있었다.

  그렇게 싫었던 회사인데, 다시 돌아보니 오히려 고마운 마음이 들 만큼 받은 게 많았다. 회사에 다니면서 고통스러웠던 일들도 회사가 나를 단련하고 홀로 설 수 있도록 도와줬던 것으로 생각하기로 했다. 퇴사를 위한 더 좋은 이유가 생겼기 때문에 회사를 나쁘게만 생각하고 싶지 않기도 했다. 회사 생활을 통해 얻게 된 것들로 앞으로의 미래를 생각해 보는 것이 더 좋았다. 회사는 목표가 달성되지 않았을 때만 과거의 일을 자세히 들여다보는 편이었고, 별문제가 없으면 일단 현재와 미래의 일에 더 치중했다. 나에게도 진로를 찾는 목표가 문제없이 달성되었으니, 배운 대로 현재와 미래를 위해 달려가야 하는 게 옳았다.

질문과 답, 그리고 지금 생각들
경제적인 문제와 문제 해결 방법은 있는가?

2

19. 지금 아픈 곳은 없는가?

2020년의 나: 당장 아픈 곳은 없다.

2022년의 나: 다행히 건강하다. 하지만 의뢰받은 일을 할 때는 어깨가 많이 아팠다. 검진을 받아 볼 필요가 있다.

20. 돌봐야 할 반려동물이 아플 경우, 당장 지급 할 돈이 있는가?

2020년의 나: 거제에 있을 때 입양한 반려묘 마리 앞으로 입양과 동시에 들어두었던 적금이 있다. 동물 병원을 방문하면 비용이 어마어마하다는 이야기를 듣고, 입양을 결정하고는 매달 오만 원씩 적금을 들어두고 있었다.

2022년의 나: 반려묘를 위한 적금이 있지만 생활비조차 부족한 상태에서 동물 병원 진료비를 감당하기에는 부족한 금액이었다.

21. 내가 지금 당장 돈을 벌 수 있는 일이 있는가?

2020년의 나: 외국어 과외, 디자인 의뢰로 돈을 벌 수 있다.

2022년의 나: 택배 배달, 청소, 외국어 과외, 디자인 등 찾아보면 당장 할 수 있는 일은 많다.

22. 정해둔 자본으로 최대한 버틸 수 있는 기간은 어느 정도로 예상하는가?

2020년의 나: 예상 외의 지출이 없다면 1년은 버틸 수 있을 것 같다.

2022년의 나: 프리랜서는 일반 직장인들에 비해 고정 비용이 커질 수밖에 없다. 그렇기 때문에 최대한 버텨도 6-7개월이면 있는 돈을 거의 소진할 수 있다.

23. 자금을 모으는데 걸린 시간은?

2020년의 나: 약 1년이 소요되었다.

24. 다시 자금을 모으는데 걸리는 시간은?

2020년의 나: 일을 시작한다면 약 1년

2022년의 나: 일러스트레이터로 일한다면 얼마나 걸릴지 모른다. 회사에 따라 다르겠지만, 직장인이 된다면 약 1년 6개월 정도 예상한다.

연습 그림 4(디지털)
다른 일러스트레이터들의 그림을 참고하여 비슷한 스타일로 연습한 그림.
지금 내 그림들과는 많이 다르다.

연습 그림 5 (디지털)
다른 일러스트레이터들의 그림을 참고하여 비슷한 스타일로 연습한 그림.
지금 내 그림들과는 많이 다르다.

연습 그림 6(디지털)
다른 일러스트레이터들의 그림을 참고하여 비슷한 스타일로 연습한 그림.
지금 내 그림들과는 많이 다르다.

8

속도전을 위한 달리기 준비, 그리고 플랜 B

대출금이 무사히 확정되고 서울에 살 집을 계약했다. 입주일에 맞춰 퇴사와 상경 일정도 정했는데, 퇴사는 3월 말일로, 상경은 그다음 날로 계획을 세워두었다.

나에게는 하루를 허비할 여유도 없었다. 진로에 대한 고민으로 시간을 오래 끌었던 터라 나는 한 해를 넘겨 누가 봐도 이제 삼십 대 중반이라는 나이가 된 상태였다. 그런데 지금 와서 모든 것을 버리고 다시 시작하는 계획을 세웠으니 마음이 조급했다. 아무리 빨리 준비한다고 해도 20대부터 그림으로 돈을 벌어온 사람들보다 많게는 10년은 더 뒤쳐져 있을 것이었다.

이삿짐도 일주일 내로 정리하기로 했다. 새로 구한 집의 주인분께 양해를 구해서 가구들을 미리 집에 넣어둘 수 있게 조치했고, 그중 조립이 필요한 것들은 서울에 있는 동생에게 부탁해서 미리 조립해달라고도 했다. 그와 동시에 나는 거제 자취방을 밤새워가며 정리했고, 회사에 출근해서는 퇴사 준비를, 잠들기 전에는 상경해서 해야 할 일을 생각했다.

의욕적이었다기 보다는 두려웠다. 이번 계획이 잘못되면 어쩌지 하는 생각이 머릿속을 떠나지 않았고, 반드시 이번 계획을 성공시켜야 한다는 부담감이 컸다. 퇴사 의사를 회사에 밝히자 동료들은 놀라며 대단하다고 나를 추켜세웠다. 그런데 이런 반응들은 힘이 되기보다 내 결정에 의구심이 들게 했다. 회사 사람들 모두가 회사 바깥의 매서움을 잘 알고 있어서 아무도 퇴사하지 않는 것처럼 보였다. 나만 그 이유를 모른 채 회사를 떠나는 것 같은 느낌이 자꾸 들었다. 나의 계획을 알고 있던 친한 친구들의 응원조차 있는 그대로 받아들이기 힘들었다. 조바심은 나를 좁고 부정적으로 만들었고, 나는 그런 내 모습이 싫어졌다. 그래서 서울에 있는 친척과 지인들에게는 내가 상경한다는 사실을 따로 알리지 않았다. 보고 싶은 얼굴들이 많았지만 다음 진로를 준비하는 '준비생'으로서 그들을 만나면 내 마음이 편치 않을 것 같았다. 그동안 내 곁을 지켜준 사람들이라면 내가 원하는 것을 이루기 위해 그들과 잠시 거리를 두더라도 이해해 줄 것이라는 믿음에 만남은 잠시 미루기로 했다.

두려움은 부정적인 미래에 대해서도 생각하게 만들었다. 퇴직금은 점점 떨어져 가는데 돈을 벌 수 없는 때, 그때야말로 내 계획의 민낯을 보게 될까? 지금까지 구상해뒀던 것들을 다시 한번 살펴볼 필요가 있었다.

굵직한 계획은 서울에서 일러스트 학원에 다니며 나만의 그림 스타일을 만들고, 일러스트레이터가 되어 돈을 버는 것이었다. 이것을 이루기 위한 생활비용은 퇴직금으로 충당하기로 하고, 돈이 너무 궁해지면 아르바이트를 잠시 겸할 생각이었다. 하지만 아르바이트 자리가 구해지지 않는다면? 아르바이트 자리를 구해도 내가 버는 돈으로 생활하기에 너무 부족하다면? 내 그림 스타일이 시장성이 없다면? 최악의 상황에는 동생이나 지인들에게 믿음을 담보로 돈을 빌려야 할 수도 있었다. 계속 마음이 무거워지는 상상들이 꼬리에 꼬리를 물고 이어졌다.

실패를 염두에 둔 '플랜 B'는 나에게 꼭 필요해 보였다. 그리고 안전장치가 되어줄 플랜 B는 무엇보다 나의 경제적 자존감과 독립성을 지킬 수 있었으면 했고, 더 정교한 계획이 되었으면 했다. 그렇다면 가장 안전한 경제적 장치는 어떤 게 있을까? 정말 인정하긴 싫었지만 떠오르는 건 취업밖에 없었다. 나의 기호를 떠나서 8년 넘게 안정적으로 나를 먹여 살려준 것은 월급이라는 사실은 변하지 않았으니까.

그렇게 하는 수 없이 플랜 B는 '정규직 취업'이 되었다. 플랜 B는 내 기호보다는 안정성을 추구하는 게 더 옳아 보이기도 했다.

하지만 내 목표까지 변한 것은 아니었다. 원래 계획과 멀어진다고 해도 내가 행복해질 수 있는 일까지 포기하고 싶지는 않았기 때문이다. 그림 그리는 삶은 플랜 B에서도 최우선 사항이 되어야 했기 때문에 취업하더라도 그림을 그리는 시간이 보장되는 회사로 알아보기로 마음먹었다.

그리고 내 스타일에 대해 같이 고민해 주는 일러스트 학원을 계속 다닐 생각이었다. 아무래도 회사에 다니며 혼자 그림을 그린다면 거제에서처럼 그림은 계속 취미로만 남아있을 것 같았다. 나만의 그림을 연구하는 데에는 약간의 강제성이 필요해 보였고, 일러스트 학원에서는 그것이 가능했다. 서울에서 회사에 다니게 된다면 버스나 지하철을 타고 어디든지 갈 수 있으니 퇴근 후에 학원에 가지 못할 이유가 없었다. 그렇게 플랜 B는 길을 조금 돌아가는 느낌으로 만들어졌고 충분히 안정적으로 보였다. 그리고 언제까지나 다음 계획으로 남아 있어 주었으면 하고 간절히 바랐다.

플랜 B가 생겨남에 따라, 내 최초의 계획도 약간 수정하기로 했다. 일러스트레이터로 데뷔해서 돈을 벌기까지 나에게 딱 1년의 시간만 허용하기로 했다. 차선책으로 취업을 생각하고 있다면 나이와 공백기에 대해 염두에 두지 않을 수가 없었다. 나이에 가뜩이나 민감한 우리나라 취업 시장에서 공백기까지 있는 30대 중반 여자를 위한 일자리는 많지 않았다. 그런데 그중에서 내 마음에 드는 일자리가 얼마나 남아있을까? 플랜 C는 존재하지 않는 만큼, 선택의 폭이 너무 줄어드는 일도 막아야 한다고 생각했다.

또 최초의 계획을 위해서도 준비 기간을 제한해 두는 것은 필요해 보였다. 그림에는 답이 없다는 말이 있다. 시험처럼 점수로 재단할 수 없다 보니 공시 준비생들같이 합격하고 끝을 내는 것은 더더욱 불가능한 일이다. 나름의 한계를 정해두는 것도 필요해 보였다. 그래서 그림으로 처음 돈을 버는 일을 기준으로 삼고 그 목표에 도달하는 데까지 걸리는 시간을 일 년으로 제한하면서 계획의 성공과 실패에 대한 기준을 세우려고 한 것이다. 만약에 내가 20대였다면, 더 어렸다면 조금 덜 생각하고 더 여유 있게 계획을 세울 수 있지 않았을까 하는 아쉬움도 들었다. 하지만 30대 중반에 하는 진로 변경은 무엇보다 속도가 중요했다. 어쩔 수 없이 시간을 끝없이 아끼는 계획을 만들 수밖에 없었다.

질문과 답, 그리고 지금 생각들
회피하거나 실패할 경우는?

25. 진로 변경을 하지 않았을 때, 일어나는 일은 무엇일까?

2020년의 나: 일어나는 일은 없다. 한동안 회사원으로 살아간다. 다른 계획을 세운다.

2022년의 나: 계속 그림 그리는 삶을 생각했을 것 같다. 그런 삶을 상상하며 후회했을 것 같다.

26. 계획대로 되지 않았을 경우 일어나는 일은 무엇일까?

2020년의 나: 다시 회사로 들어간다.

2022년의 나: 다시 구직을 한다. 문제는 급여가 더 낮고, 복지가 더 나쁜 회사로 들어갈 수도 있다는 것이다.

상전 (디지털)
'상전'이라는 단어에 반려동물, 사극이 연상돼서 책가도를 변형해 만든 작업.
처음엔 재미있는 아이디어라서 흥미를 느끼고 시작했지만, 마음에 드는 느낌은 아니라서 아쉬움이 많이 남았다.

아침과 저녁 (디지털)
세트로 구상했던 그림.
이 그림들 이후에 코로나로 몇 주간 학원도 쉬는 바람에 계속 집과 작업실만 반복하며 오가다가 지쳐서 2주 정도 그림을 아예 그리지 않았다.

9

울타리 없는 삶과 선 시장

호텔에서 일할 때는 창문이 없던 터라 근무시간에 햇빛을 보는 일이 적었다. 그래서 퇴사를 하고 서울에 올라와서는 일부러 그림을 그리다가 햇빛을 쐬려고 밖으로 자주 나갔다. 평일 오전 11시, 오후 3시의 햇살을 받으면 어색하지만 기분이 좋아졌다. 동생과 좁은 집에 사는 것도 어느 정도 적응이 되는 것 같았고, 동생의 소개로 운이 좋게 재택근무로 할 수 있는 이미지 보정 아르바이트도 구해서 빠듯하지만 생활비 정도는 벌고 있었다. 직장 생활을 하며 익히 들었던 '회사가 전쟁터라면 밖은 지옥이다'라는 말 때문에 겁을 냈지만, 막상 나와보니 회사 밖 세상은 의외로 살만한 곳이라는 생각도 들었다. 그림에 전념할 수 있는 저렴한 공동 작업실도 구했고, 학원에 다니며 몇 장의 연습 그림도 완성했다. 모든 게 계획대로 순조롭게 돌아가고 있었다.

작은 문제를 한 가지 꼽자면, 퇴사한 이후로 사람들과의 교류가 너무 줄어서 온종일 말을 하지 않고 지낼 때도 있다는 것이었다. 혼자 있기를 좋아하는 터라 큰 문제라고 생각하지 않고 있었는데, 저녁에 동생과 대화할 때 나의 의사소통 능력이 점점 떨어져 가는 듯한 느낌을 받았다. 단어가 번뜩 떠오르지 않아 동생을 기다리게 하는 순간이 점점 늘자, 서울이 주는 익명성의 안락함에 너무 빠져 지낸 것은 아닌가 하는 생각이 들기는 했다.

퇴사하면 첫 석 달만 좋은 게 다라고 하던데, 나는 그 이후로도 계속 이어지는 일상이 좋았다. 불안과 초조함은 물론 이전과 다름없이 내 안에 존재했지만, 앞으로 나아가고 있다는 감각이 그런 것을 모두 잊게 하는듯했다. 한창 취업 준비를 하던 사회 초년생 때와 비교해 보면 아주 노련하게 '준비생' 기간을 보내고 있었다. 취업 준비생일 때, 나는 언제까지 대기 중인 상태였다. 회사에서 나를 뽑아주길 바랐고, 선택권이 주어지지 않은 상태였기 때문에 불안해하며 기다리는 수밖에 없었다. 하지만 지금은 달랐다. 똑같은 '준비생' 신분이지만 기다리지 않고 내가 원하는 것을 위해 나아가고 있었다. 회사라는 울타리 밖에서는 나에게 선택권이 주어진다는 것이 마음에 들었고, 목표하는 것만 뚜렷하면 무엇이든 할 수 있을 것 같은 자신감도 생겼다.

하지만 이런 생각은 그리 오래가지 못했는데, 어른들은 기다렸다는 듯이 서울에 사는 누구의 자녀, 누구의 조카를 만나보라고 나에게 권하기 시작했다. 반대를 이기고 서울에 올라온 것도 부모님께 죄를 짓는 느낌이었고, 두 분을 설득할 때 '서울에 가서 여러 사람을 만나보겠다'며 내가 한 말도 있었기 때문에 어른들이 기껏 마련한 선 자리를 거부할 수 없었다.

어른들은 우리 부모님에 대한 호의로 선을 주선해 주실 때가 많았다. 그분들은 내가 하는 일을 똑떨어지는 명사로 정의해 주길 바랐는데, '그림 그리는 사람'이라고 말했다가 몇 번 퇴짜를 맞았다. 나를 어떻게 소개할지 고민하다가 '프리랜서'라고 말하기로 마음을 먹었다. 이미지 보정 아르바이트로 돈을 벌고 있긴 했으니 틀린 말도 아니었고, 프리랜서라면 내가 여러 가지 일을 하고 있다고 해도 상대방을 이해시키기에 충분할 것 같았기 때문이었다. 하지만 '프리랜서'가 한정 지어 놓은 너무 넓은 울타리는 다른 사람들에게 불안해 보였는지 상대 쪽에서 종종 거부해서 성사되지 않는 경우가 잦았다.

선 시장에서 발을 뺄 수 있을까 하는 기대도 잠시, 한 남성분을 소개받고 나간 선 자리에서 나는 부끄러운 경험을 하고 말았다. 저녁을 같이 먹기로 약속하고 만난 상대는 내가 아직 이전 회사에 다니고 있는 줄 알고 나를 보러 나온 것이었다. 상대의 변해가는 표정과 그 표정을 바라보며 자신을 구구절절 설명하며 밥을 먹고 나와야 했던 그 상황이 너무 싫었다.

알고 보니 주선자분께서 프리랜서가 무엇을 하는 직업인지 잘 알지 못했고, 상대편에 나를 회사원으로 소개를 하면 아무래도

선이 더 성사되기 쉽다고 판단하셨다는 것이었다. 자신에게도, 주선해 주신 어른께도 실망스러운 마음이 가시질 않았다. 그리고 그 마음은 이내 우울감으로 바뀌었다. 내가 만약 그림으로 돈을 벌어본 경험이라도 있었으면 달라졌을까, 그렇다면 나를 일러스트레이터라고 자신 있게 소개할 수 있지 않았을까……. 누구에게도 인정받지 못하고 있는 듯한 느낌이 들었다. 모든 게 울타리의 가치를 너무 낮게 평가했던 내 잘못인 것 같아 슬펐다.

이후로 어른들이 만나보라고 권하는 선 자리는 정중하게 거절했다. 계속되는 나의 거절에 어른들은 더 만남을 권유하지 않았다. 거절하는 과정은 힘들었지만 지나고 나니 이보다 마음이 편할 수가 없었다. 냉정하게 말하면 나는 아직 결혼에도, 진로에도 준비되지 않은 상태였다. 목장 울타리 밖으로 방금 넘어온 새끼 양이 내 처지와 비슷할까? 지금 나에게 필요한 건 반려자를 만나는 것보다 내가 원하는 곳으로 나아갈 용기와 튼튼한 다리와 시간이 필요했다. 나와 함께 할 사람을 찾는 일은 아마도 내가 어느 정도 내가 가는 길에서 안정을 찾은 후 일 것이다.

울타리 밖은 평화로워 보였지만 생각지도 못하는 곳에서 이렇게 장애물을 만나게 될 줄 몰랐다. 어쩌면 바깥은 지옥이라는 말이 맞는 말일 수도 있다는 생각이 들었다. 이곳에서는 나를 도와줄 회사 동료들도, 선배들도 없었다. 안정적인 길이 아니기 때문에 더 많은 상처가 생기는 것은 예정된 일인지도 몰랐다. 하지만 오래 이 길을 가기 위해 당장은 상처받지 않게 나를 보호할 필요도 있다고 판단했다. 호의를 단호하게 거절하는 일이 될지라도 당분간은 조금 이기적으로 생각하기로 하고, 내가 정한 단 1년만 나에게 집중해서 울타리에서 최대한 멀리까지 뛰어보기로 마음을 먹었다.

질문과 답, 그리고 지금 생각들
어떤 일을 하고 싶은가?

27. 어떤 일을 하고 싶은가?

2020년의 나: 그림을 그리고 싶다.

2022년의 나: 그림도 그리고 싶고, 회사원의 삶에서 벗어난 삶을 살고 싶은 마음도 컸던 것 같다.

28. 지금 그 일을 위해서 무엇을 하고 있는가?

2020년의 나: 무작정 그림을 그리고 있다.

2022년의 나: 여러 가지 준비를 많이 했었는데, 불안함 때문에 너무 부정적으로 생각했던 것 같다. 퇴사 준비도 했고, 정말 내가 원하는 일인지 생각도 많이 했다. 그러는 동시에 그림도 열심히 그리려고 했다.

29. 지속한 기간을 얼마나 되었나?

2020년의 나: 초등학교 이전부터 지금까지 지속하고 있다.

2022년의 나: 생각에 변함이 없다.

30. 왜 지금 해야 할까?

2020년의 나: 지금이 진로를 바꾸기 가장 빠른 시기이기 때문이다.

2022년의 나: 생각에 변함이 없다.

31. 그 일을 하고 있는 사람과 이야기를 해봤는가? 얼마나 많은 사람과 대화를 해봤는가?

2020년의 나: 현직 일러스트레이터 두 명과 이야기를 해봤다.

2022년의 나: 나처럼 다른 일을 하다가 직업을 바꾼지 얼마 되지 않은 일러스트레이터들과 이야기를 해봤다. 일러스트레이터들을 찾기도 힘들었다. 경력이 좀 더 많은 일러스트레이터들과 이야기를 한 번 더 나누어봐도 좋았을 것 같다.

32. 어떤 가치가 있는 일인가?

2020년의 나: 시간이 갈수록 가치를 더해가는 일이다.

2022년의 나: 내가 어떤 그림을 그리느냐에 따라 다른 것 같다. 시간이 지나면서 가치를 더해가는 그림이 있고, 가치가 그렇게 올라가지 않는 그림이 있다. 디자인과 같다.

33. 나이가 들어서도 할 수 있는 일인가?

2020년의 나: 나이가 들어서도 할 수 있는 일이다.

2022년의 나: 생활을 유지할 수 있는 돈을 벌 수 있고, 시간이 지날수록 가치를 더해가는 그림을 그릴 때에만 가능한 일이다.

할로윈(디지털)
'ㅎ'으로 할로윈 느낌을 낸 일러스트.

2021 (디지털)
2021년 새해 첫 그림. 해가 바뀌고 제대로 작업실에 가서 처음 그렸던 그림이다.
실컷 놀고 그린 그림인데 오히려 이전 그림보다 훨씬 마음에 들었다.

나와 너 (디지털)

글자를 넣는 아이디어를 계속 발전시켜 그림을 그렸다.
너무 비슷한 느낌의 그림들을 계속 그려서 조금 다른 느낌을 내고 싶은 욕심이 생겼다.

10

첫 의뢰를 받고 지금 느끼는 것들

나는 얼마나 달려왔을까? 단 1년, 2020년 봄과 2021년 봄 사이. 스스로 약속했던 진로 준비 기간도 끝이 났다.

진작에 프로 일러스트레이터들이 그림을 올리는 '산그림'이라는 사이트에 그동안 준비했던 포트폴리오를 올려뒀는데, 몇 달이 지나도 연락이 오지 않아 애가 타고 있던 상황이었다. 다행히도 1년을 딱 한 달 앞둔 지난달에 사이트에 명시해뒀던 메일로 그림 의뢰가 들어왔고, 가격과 일정, 계약 조건 등을 조율하고 일을 하게 되었다.

그림만 그릴 줄 알았지 계약에 관련된 것들은 전혀 고려하지 않고 있었던 터라, 학원 선생님들과 주변 작가들의 많은 도움을 받아야 했다. 그리고 의뢰 내용을 정확하게 파악하는 법과 내 스타일을 의뢰받은 그림에 녹여내는 법, 그림 사이즈와 여유를 두어야 하는 공백 사이즈 등 세부적인 것들에 대해서도 조언이 필요했다. 막연하게 일을 할 수 있게 되기를 기다리고 있었는데, 메일 한 통으로 일이 순식간에 진행되는 바람에 미처 준비하지 못했던 부분들은 일하면서 알아가야 했다. 주변의 도움이 없었다면 아마 문제투성이였을 것이다. 일이 마무리되기까지, 모든 과정이 처음 하는 것들이라, 시간이 정신없이 흘러갔다. 다행히도 일은 순조롭게 마무리되었고, 퇴사할 때 세웠던 목표도 자연스럽게 이루어졌다.

'이제 진짜 된 건가?'

원했던 일이지만 너무 갑작스러워서, 일이 끝나고도 약간 얼떨떨한 기분은 계속되었다. 나는 진짜 그림으로 돈을 버는 일러스트레이터가 되었다. 아직 갈 길이 멀지만, 팍팍하던 마음에도 공간이 생겼는지 지난 일 년간의 일들이 생각났다. 시간이 지나자, 자연스럽게 내가 한 선택이 숙성되면서 잘했다고 생각되는 것과 그렇지 못한 것이 나누어져 보였다.

먼저 진로를 찾기 이전에 나에 대해 다시 한번 깊게 생각해 본 것은 가장 잘한 일이 아닐까 생각한다. 나는 나를 잘 안다고 생각했지만, 사실은 모르는 부분이 더 많았다. 내가 무엇을 좋아하는지, 내가 무엇을 필요로 하는지 주의 깊게 보지 않았기 때문에 남들 보기에 평범한 삶에 나를 맞춰가고 있었다. 하지만 나를 알아가는 기회를 가지고 나서는, 내가 원하는 삶의 모양을 어렴풋하게나마 짐작해 볼 수 있었다. 나를 들여다보는 일은 행복해질 수 있는 가능성을 높이기 위해서 무조건적으로 필요한 일이었다.

두 번째는 완벽한 때를 기다리지 않고 서두른 것이다. 나이 때문에 조급해져서 그런 탓이지만 결과적으로는 잘한 일이었던 것 같다. 세워두었던 목표도 빨리 이루어졌으면 했고, 일 년으로 예상한 준비 기간도 되도록 더 줄이고 싶었다. 그래서 이사부터 그림 포트폴리오 제작까지 억지스러운 일정을 짜두고 스스로를 괴롭혔다. 다행히 나는 일러스트 학원 선생님들이 예상했던 것보다도 빨리 첫 일을 시작할 수 있었고, 이제는 떳떳하게 프로 일러스트레이터라고 나 자신을 소개할 수도 있게 되었다. 학원 선생님들이 보기에 내 그림은 아직 아쉬운 부분이 많다고 한다. 하지만 그런 선생님들조차 내가 이제 프로 일러스트레이터가 되었다는 사실은 부정하지 않으신다. 내 그림이 조금 더 완성형이었다면 더할 나위 없이 좋았겠지만, 더 오래 준비했다면 남겨둔 퇴직금을 다 쓰고, 나는 다시 회사로 돌아가야 했을 수도 있다.

항상 같은 시간에 일어난 것도 내가 옳았던 것 중 하나이다. 어느 시간에 잠이 들더라도 나는 매일 아침 8시에 일어났다. 동생이 프리랜서가 되어서도 매일 8시에 일어나는 것은 미련한 짓이라고 말했지만, 나에게 8시에 일어나는 일만큼 중요한 것은 없었다. 왜 하필 8시냐고 물어본다면, 그 시간은 내가 게으름을 이기고 있다는 감각을 느끼게 해주는 시간임과 동시에 가장 좋은 컨디션으로 하루를 보낼 수 있게 하는 기상 시간이기 때문이다. 출퇴근이 없는 삶에서 나를 컨트롤할 수 있다는 감각은 그 무엇보다 큰 의미가 있었다. 그래서 나는 일 년 동안 손가락에 꼽을 만큼의 날을 제외하고는 매일 8시에 일어났고 다시 잠들지 않았다. 스스로가 내 관리 아래에 있다는 감각을 기억하는 것만으로도 준비 기간 동안의 우울을 어느 정도 이길 수 있었다고 생각한다.

한편, '이랬으면 더 좋았을 텐데'하고 후회되는 부분도 있다. 가장 후회되는 것 중 하나는 회사를 너무 성급하게 그만둬버린 것이다. 지금 알고 있는 것을 그대로 가지고 다시 거제에 있던 때로 돌아간다면, 퇴사를 조금 미루고 주말에 서울을 왕복하며 일러스트 학원에 다녔을 것 같다. 이동에 버리는 시간이 많지만 미래를 위해서라면 조금 힘들더라도 몇 개월은 그렇게 시도라도 했어야 했다. 퇴사하기 전에 읽어봤던 프리랜서 에세이들은 하나같이 퇴사를 하기 전에 아르바이트 자리라도 마련해두고 나오거나, 회사에 다니면서 다음을 준비하라고 조언했지만, 나는 아무런 준비도 없이 서울로 향했다. 다행히 몇 달 후, 동생의 소개 덕분에 재택근무가 가능한 아르바이트 자리를 구하긴 했는데, 아무것도 하지 않고 퇴직금을 써야 했던 몇 달 동안은 줄어드는 통장 잔고를 보며 얼마나 불안했는지 모른다. 그때는 급한 마음에 일단 무조건 서울로 가야 한다고 생각했지만, 따지고 보면 내가 조금만 고생을 하면 회사에 다니면서도 얼마든지 학원에 개설된 주말반 일러스트 수업을 들을 수도 있었을 것이다. 서울로 이사를 하던, 거제에 머물던 한동안 고생하는 것은 똑같은데 회사에 다니면서 학원에 다니는 시도라도 해볼 걸 하는 아쉬운 마음이 들었다.

또 덜 불안해하고, 나를 더 믿어주려고 노력했다면 좋았을 것 같다. 어떻게 보면 불안은 결국 나를 채찍질해서 목표를 이루도록 도와줬지만, 그 정도가 조금만 덜했다면 좋았을 걸 하는 후회가 된다. 일러스트레이터를 준비하는 동안 나의 일상은 단순했다. 8시에 일어나 작업실에 가서 그림을 그리고 해가 지면 집으로 돌아와 휴식했다. 마치 미대를 준비하는 입시생처럼 그림을 그렸는데, 그렇게 하면 그림이 늘 줄 알았다. 그런데 느는 것은 스트레스뿐이었다. 아무리 열심히 그려도 내가 그려내는 그림들은 부드럽고 창의적인 느낌보다는 딱딱하고 차가운 느낌이 들었다. 나는 이것을 '정이 없는 그림'이라고 표현했는데, 정이 없는 듯한 그 차가운 느낌은 거의 준비 기간 막바지까지 고쳐지지 않아서 나를 답답하게 했다.

원하는 그림이 나오지 않자, 한동안 아무것도 하기 싫어서 그림에서 완전히 손을 떼고 서울 구경을 다닌 적이 있다. 2주 정도를 그렇게 겉돌다가 이래서는 안 되겠다 싶어서 다시 그림을 그리기 시작했는데, 오히려 이전에 그렸던 그림들 보다 훨씬 마음에 드는 그림이 나왔다. 사람들도 방황 후의 그림을 더 좋아했다. 그제야 일상에서 긴장을 좀 덜 하고 지낼 걸 하는 생각이 들었다.

준비생이라는 신분은 나를 프로 디자이너에서 아마추어로 끌어내려 내가 무엇을 해도 불안하고 불완전하게 보이게 했다. 어쩌면 나에게는 원하는 것을 충분히 표현할 능력이 있었는데, 계속 의심을 가지는 바람에 애만 태우고 준비 기간을 더 앞당기지 못한 게 아닐까 하는 생각을 했다.

분명 처음에 정했던 목표도 이루었고, 스스로 잘하고 있다고 생각했는데, 과거를 떠올려보니 후회가 되는 순간들이 왜 더 많이 떠오를까? 심지어 잘했다고 생각하는 일 중에서도 아쉬움이 남는 점들이 떠오르기도 한다. 지금에 와서야 보이는 것들이 더 많아져서 그럴지도 모른다. 하지만 모르는 것투성이인 상황에서 내린 결정이 부족해 보이는 것은 어쩌면 당연한 일일 것이다.

모로 가도 서울만 가면 된다는 말도 있다. 다행인 것은 내 선택이 모두 마음에 들지는 않아도 내가 원하는 방향으로 향해있었다는 것이다. 앞으로도 '그림 그리는 할머니'가 되기 위해 얼마나 많은 선택을 해야 할지는 모르겠지만, 내 꿈에 아주 조금씩이라도 가까워지는 것이라면 아쉬운 선택도 좋은 선택이라고 생각하려고 한다.

질문과 답, 그리고 지금 생각들
미래의 나는 어떤 행동을 아쉬워할까?

34. 주로 어떤 행동을 후회하는가?

2020년의 나: 게으르게 행동 한 것

2022년의 나: 게으르게 행동하고 할 일을 미룬 것

35. 어떤 행동을 후회하지 않는가?

2020년의 나: 부족하더라도 어떤 것이든 결과를 만들어 낸 것

2022년의 나: 결과를 만들어낸 것은 후회하지 않는다. 하지만 결과에 연연해서 시간이 필요한 일까지 그르치는 경우도 있었다.

36. 1년 후에 죽는다면 어떤 선택을 할 것인가?

2020년의 나: 퇴사를 하고 여행을 다니고, 글을 쓰고 그림을 그린다.

2022년의 나: 생각에 변함이 없다.

37. 죽은 후, 어떤 사람으로 남고 싶은가?

2020년의 나: 그림 그리던 사람으로 남고 싶다.

2022년의 나: 그림 그리던 따뜻한 사람으로 남고 싶다.

Stay home(디지털)
코로나로 사회적 거리 두기 2단계가 계속되었고, 관련된 내용을 그림으로 풀어보고 싶었다.
이 그림을 그린 후에 첫 의뢰가 들어왔다.

그림 같은 풍경(디지털)
전자책 표지로 사용한 일러스트.
이 그림을 그릴 때, 지금까지 그렸던 작업들을 모아봤고, 내가 어떤 사물을 좋아하는지와 어떤 색감을 좋아하는지 발견하게 되었다.

11

다시 돌아간다면 똑같은 선택을 할까

백조를 떠올리면 내 모습과 비슷하지 않을까? 아니 하천에 흔히 보이는 오리라고 해야 할 것 같다. 백조는 너무 우아하니까. 수면 위 평온해 보이는 모습과 달리 물 아래로는 열심히 발을 저어야 앞으로 나갈 수 있는 오리가 딱 내 모습이다. 누가 보면 카페에서 여유롭게 커피를 마시고 있는 것 같아 보이지만, 사실은 언제 일이 끊길지 모른다는 불안을 안고 여러 가지 이유로 생겨난 수많은 일에 허우적거리는 속사정이 있다. 하늘에 떠다니는 천적이 언제 나를 잡아먹지나 않을까 하는 두려움에 쪽잠을 자는 오리처럼, 나도 언젠가는 이 생활을 반납하고 회사로 돌아가야 하지 않을까 하는 두려움을 항상 안고 있다.

　책을 읽고 그림을 그리는 것은 주 중, 주말 구별이 없는 일러스트레이터의 '일'이었다. 첫 의뢰를 받아 그림을 그려보니 글의 내용을 어떻게 더 그림으로 잘 표현할 수 있는지는 일러스트레이터의 실력에 달려있다는 것을 알게 되어서 독서의 필요성을 느꼈다. 그리고 더 나은 스타일을 발견할 수 있지 않을까 해서 쉬는 날에도 그림을 그린다. 이번에 나에게 의뢰를 맡긴 곳은 다행히 일 년 치 일을 주기로 약속했지만, 계약은 몇 개월 단위로 갱신해야 한다. 만약 다음 작업이 의뢰인의 마음에 들지 않는다면, 나는 또 다음 몇 달 동안은 이력서를 쓰고 있어야 할 수도 있다. 내 상황은 너무나 불안정해서 누군가의 마음에 드는 그림을 그리지 못한다면 내가 일 년을 공들여 기껏 만들어놨던 일상을 회사나 아르바이트에 빼앗기게 될 것이다. 일이 있어도, 일이 없어도 늘 초식동물처럼 불안해하는 것이 내가 감당해야 할 것들 중 하나이다. 이래도 다시 돌아간다면 나는 똑같은 선택을 할 수 있을까?

 나는 두 번을 물어도, 세 번을 물어도 똑같은 선택을 할 것이다. 아직은 일 년밖에 지나지 않아서 그렇다고 할 수도 있겠지만, 내가 할 수 있는 최선은 똑같은 선택을 하는 것이다. 정확하게는 '회사를 나와서 프리랜서 일러스트레이터로 사는 것'이 내가 다시 하게 될 선택이다. 회사에 다닐 때와 지금 생활을 비교해 보면, 장단점이 뚜렷하다. 안정과 불안정, 소속감과 독립성 등 서로 반대되는 가치들이 양 끝을 지키고 있다. 하지만 내가 다시 돌아가도 똑같은 선택을 하고 싶은 이유는 굳이 두 가지의 장단점 중 어느 것 하나가 마음에 들어서가 아니다.

 그 이유는 프리랜서 일러스트레이터가 되니 회사원으로 지낼 때와는 다르게 계속하고 싶은 일들이 생기기 때문이다. 지금 당장 하고 싶은 수많은 일 중 몇 가지를 꼽아보자면, 개인 전시회를 열어보고 싶기도 하고, 일러스트레이션 페어서 내 그림을 좋아하는 사람들을 직접 만나보고 싶기도 하다. 잡지 인터뷰도 해보고 싶고, 해외 일러스트레이션 에이전시 소속 작가가 되어보고 싶기도 하다. 사실 해보고 싶은 게 너무 많아서 줄을 세워 정리를 해봐야 할 지경이다. 회사원으로 지낼 때는 그렇지 않았다. 내가 퇴사할 당시에 나는 승진을 했었다. 여기저기 옮겨 다니느라 내 경력을 온전히 인정받지 못하고 몇 년을 평사원으로 지내다가 퇴사를 결정하고 나니, 승진 명단에 내 이름이 올라있었다. 잠시 좋았지만, 직위에 맞는 책임감이나 애사심, 회사에서 하고 싶은 일이 생기지는 않았다. 회사원으로서의 삶에는 내일이 기대되는 무엇인가가 없었다. 그런데 지금 다시 돌아간다고 하면 없던 애사심과 회사에서 이루고 싶은 목표가 생길까? 나는 아니라고 생각한다.

  진로 탐색을 하며, 나를 알아보는 긴 시간을 가진 후에 나는 남들보다 미래에 관한 생각이 많은 사람이라는 것을 알게 되었다. 어떤 사람은 현재에 초점을 맞춰서 살아가고, 어떤 사람은 과거 회상하기를 좋아한다는데, 나는 미래를 상상하는 걸 남들보다 좋아한다(보통은 현재에 초점을 맞춰 살아가는 사람이 가장 행복하다고 말한다. 하지만 나는 그게 잘 안되는 부류의 사람인 것 같다). 그래서 저녁에 눈을 감으면 다음 날 하고 싶은 일이 생각나는 지금의 삶이 훨씬 행복하게 느껴진다. 프리랜서 일러스트레이터의 삶은 불안하기 짝이 없지만, 그렇다고 회사에 다닐 때에도 불안하지 않은 것은 아니었다. 회사는 당장의 안정적인 수입은 보장해 줬지만, 실제 명예퇴직 압박을 받는 사람들을 보며 미래까지는 보장해 주진 않는다는 것을 알게 되었다. 결국 불안은 어떤 삶을 선택해도 늘 따라다니는 기본값 같은 것이라는 생각까지 이르게 되니, 마음도 한결 가벼워졌다.

사람에게는 각자 맞는 삶의 방식이 있는 것 같다. 누군가에게는 안정적인 직장인의 삶이 맞을 수도 있고, 누군가에게는 역동적인 자영업자의 삶이 맞을 수도 있다. 그러나 내가 만난 또래 직장인 중에 많은 사람은 어떤 것이 나와 맞는지 알지 못한 채 안정적이라는 이유로 맞지 않는 삶의 방식을 사는 경우가 많았다. 그런 사람들에게 지금 당장 퇴사를 하라고 하고 싶진 않다. 경험으로 그런 행동은 너무 위험하다는 것을 안다.

다만 단지 안정적이라는 이유로 그런 삶을 그저 온순하게 받아들이진 않았으면 좋겠다. 이제 겨우 일러스트레이터가 되었다고 성공이라도 한 것처럼 말하는 것은 아니다. 늦은 나이에 진로를 바꾸면서 반대에 부딪히고 연봉이라고 말하기에도 부끄러운 돈을 벌어도 해볼 만한 가치가 있다는 것을 느꼈기 때문에 그렇다. 변화라는 것은 원래 불편하고 힘이 든다. 하지만 결과가 좀 더 행복해진 삶이라면, 지금보다 나은 삶이라면 충분히 시도해 볼 만하지 않을까? 자려고 눈을 감으면 내일 하고 싶은 것들이 떠오르는 그런 경험을 좀 더 많은 사람이 해보았으면 좋겠다. 불안하기 이를 데 없어 보이는 내 삶을 지탱해 주는 것도 바로 그런 소소한 희망이니까.

Home sweet home (디지털)
영어를 넣어 만든 첫 작업. 지금까지 그림 중에 가장 마음에 든다.

유해한 타인의 취향에 대하여 (디지털)
매거진 2W에 실린 일러스트.
글과 그림을 연재 중인데, 이 그림은 취향에 대한 글을 설명하기 위해 그렸다.
너무 직관적으로 의미가 드러나는 그림보다 은유적인 그림을 그리려고 노력했다.

결정에 대한 마지막 질문

이 장은 직업을 바꾸려고 고민을 하고 있거나, 결심한 사람들이 스스로에게 물어보면 좋을 것 같은 질문을 정리해 둔 것이다. 질문에 속으로 답하는 것보다 답변을 한번 적어보면 내가 내린 결정을 훨씬 더 객관적으로 볼 수 있다.

38. 직업을 바꾸겠다는 결정을 했다면,

Q. 퇴사 후에 지킬 단 한가지 나와의 약속을 한다면?

Q. 계획대로 되지 않을 경우에는 어떻게 할 것인가?

Q. 마음이 힘들 때, 나만의 회복 방법이 있는가?

39. 직업을 유지하겠다는 결정을 했다면,

Q. 새로운 목표를 찾았는가?

Q. 일상에서 제거 할 것은?

Q. 일상에서 추가 할 것은?

Q. 또 다른 불안이 오면 어떻게 대처 할 것인가?

40. 최종 질문

Q. 다시 생각해도, 올바른 결정이라고 생각하는가?

Q. 나의 결정과 과정을 지인에게 이야기 해봤는가?

Q. 나는 어떤 방식으로 나의 계획을 이야기 했는가?

Q. 이야기 할 때 나의 감정은 어땠는가?

Q. 지금은 어떤가?

취향 찾기에 방해가 되는 것 - 고생(디지털)
매거진 2W에 실린 일러스트.
세상이 정해놓은 틀에서 벗어난다는 의미를 주는 일러스트를 그리고 싶었다. 계속해서 계단을 오르는 대신에 다른 곳으로 벗어나는 사람을 그렸다.

팬데믹 시대와 프리랜서의 삶에 대하여

- <프리랜서 라이프 IN 팬데믹> 인터뷰 -

일러스트레이터 PB 이혜리는 세상이 멈춘 팬데믹 속에서 오히려 프리랜서로의 첫 발걸음을 뗐다. 그리고 거침없이 나아갔다. 기존의 커리어를 유지하는 것조차 녹록치 않은 시대에, 30대 중반의 평범한 직장인이었던 그녀는 어떻게 프리랜서에 도전하는 용기를 낼 수 있었을까?

Q. 작가님을 소개해주세요.
A. 안녕하세요, 글 쓰는 일러스트레이터 PB 이혜리입니다. 주로 일러스트 의뢰를 받아서 작업하고 있고, 전시에도 꾸준히 출품하고 있습니다. 종종 글도 쓰는데, 현재는 아미가에서 발행하는 독립 매거진 2W에 글과 그림을 함께 연재하고 있습니다.

Q. 팬데믹 이후, 일상과 작업 환경에 어떤 변화가 있었나요?
A. 팬데믹 이후 많은 사람은 취업시장이 얼어 붙었기 때문에 회사에 남아있어야 된다고 말했지만, 저는 오히려 팬데믹이 시작됨과 동시에 회사를 그만두고 프리랜서로 전향했습니다. 그래서 이전의 일러스트 시장이 어땠는지는 잘 모릅니다. 다른 일러스트레이터들을 만나 이야기를 들어보니, 각종 전시와 행사가 취소되고 거기에 사용되던 일러스트도 필요 없어지면서 작업 의뢰가 많이 줄었다는 이야기를 들었습니다.

Q. 팬데믹 동안 특별히 했던 작품 활동이 있다면?

A. 저는 막 프리랜서가 되어서, 들어오는 의뢰는 거의 가리지 않고 했는데요. 최근에는 교육기업의 사외보를 세 권 작업했고, 프랑스의 툴루즈(Toulouse)라는 도시에서 단체 전시에 참여했습니다. 또 퇴사 후 프리랜서로 독립한 이야기를 담은 책 『서른다섯, 직업을 바꿨습니다』도 출간했습니다.

Q. 프리랜서로서 일하는 것의 장단점에 대해 이야기해주세요.

A. 퇴사한 가장 큰 이유가 사람 때문이었는데, 일단 사람에 대한 스트레스가 없는 게 제일 좋습니다. 잘 맞지 않는 클라이언트를 만나도 프로젝트가 끝나면 헤어진다는 희망(?)이 있다는 사실이 큰 장점인 것 같아요. 단점은 언제 일이 끊길지 모른다는 불안감을 늘 느낀다는 것입니다. 아마 이 단점 때문에 사람들이 쉽게 프리랜서에 도전하지 못하는 게 아닐까 합니다.

Q. 좋아하는 일로 먹고 살 수 있다고 생각하세요? 본인이 그렇다면, 어떻게 그런 환경을 만들었나요?

A. 저도 아직 잘 모르겠어요. 사실 얼마전에 프로젝트를 한참 진행하고 있을 때는 좋아하는 일로도 먹고 살 수 있다는 생각을 했어요. 하지만 프로젝트가 끝나니 '정말 그럴까?' 하는 의심이

듭니다. 그래서 고민이 많습니다. 막 시작한 단계라 아직 좋아하는 일로 충분히 먹고 살 수 있다고 말할 수는 없을 것 같아요. 그리고 사람에 따라서도 다른 것 같아요. 프리랜서도 사업가와 같이 내 능력을 사업화하는 능력이 중요한 것 같습니다.

Q. 이제 위드 코로나 단계에 접어들었는데요. 코로나에서 조금은 자유로워진 지금, 앞으로 어떤 활동을 하고 싶으신가요?
A. 하고 싶은 게 너무 많습니다. 코로나 덕분(?)에 온라인으로 할 수 있는 일들이 늘어나면서 새로운 가능성이 열렸다고 생각해요. 그래서 위드 코로나 여부에 상관없이 여러 일을 하고 싶은데, 특히 해외 일러스트 에이전시와 함께 일해보고 싶어요. 업무가 모두 온라인으로 진행되니까 한국에 있어도 충분히 가능할거라 생각해요. 그리고 새로운 미술 시장으로 NFT가 뜨고있는데, 제 작업도 거래해 보고싶습니다. 이것 외에도 웹사이트 만들기, 새로운 책 준비하기 등... 너무 많아요.

인터뷰 내용은 강동문화재단과 서울문화재단의 지원 받아 진행한 사업의 일환으로 스튜디오 오늘이 기획 및 제작한 저작물입니다.

희망(디지털)
빙산을 꿈꾸는 듯한 사람의 얼굴처럼 보이도록 해봤다.
주제 때문인지 애착이 가는 그림이다.

나를 돌아보는 일 (디지털)
취향에 대한 글을 쓰면서 함께 그렸던 그림.
한 번쯤 나를 뒤돌아보는 일은 취향을 찾기 위해서도 직업을 찾기 위해서도 필요한 것 같다.

스티커 제작을 위해 만들어진 일러스트 (디지털)
일러스트를 판매하는 것도 힘들지만, 판매된 일러스트를 내 색깔이 묻어나게 포장하는 것도 힘든 일이다. 아직도 포장에 대해서는 고민이 많아서 여러 가지 시도를 해보고 있다.

상경에 대해 생각하며 (디지털)
나에게 상경은 거제에서 겨우 자리를 잡아가고 있던 내 일상을 전혀 다른 곳으로 옮겨놓는 일이었다. 그것을 막 뿌리내린 식물을 뽑아내는 일에 빗대어 그려봤다.

상경에 대해 생각하며 (디지털)
표지 일러스트.
옛 그림들을 다시 한번 그려보고 싶어서 그린 그림이 이번 책의 표지가 되었다.

이 책에는 네이버에서 제공한 나눔글꼴, 마루부리글꼴과 카페24에서 제공하는 카페24 써라운드 에어 폰트가 적용되어 있습니다.

서른다섯, 직업을 바꿨습니다(개정판)

개정판 1쇄 발행 2022년 3월 28일
　　　2쇄 발행 2022년 3월 28일

지은이	이혜리
편집, 디자인	이혜리
발행처	꾸미
출판등록	2018년 12월 21일 제2018-42호
이메일	hotini29@naver.com
인스타그램	@pb_illust
홈페이지	www.hyelilee.com
ISBN	979-11-965863-1-7 (03810)
정가	15,000원

ⓒ 이혜리 2022
이 책은 저작권법에 의해 보호를 받는 저작물이므로 무단 복제를 금합니다.
이 책의 전부 또는 일부를 재사용하려면 반드시 저작권자와 꾸미 출판사 양측의 동의를 받으셔야 합니다.